ENCYCLOPÉDIE RORET

PEINTURE ET VERNISSAGE

DES MÉTAUX

ET DU BOIS

PARIS

ENCYCLOPÉDIE RORET

 L. MULO, LIBRAIRE-ÉDITEUR

RUE HAUTEFEUILLE, VI

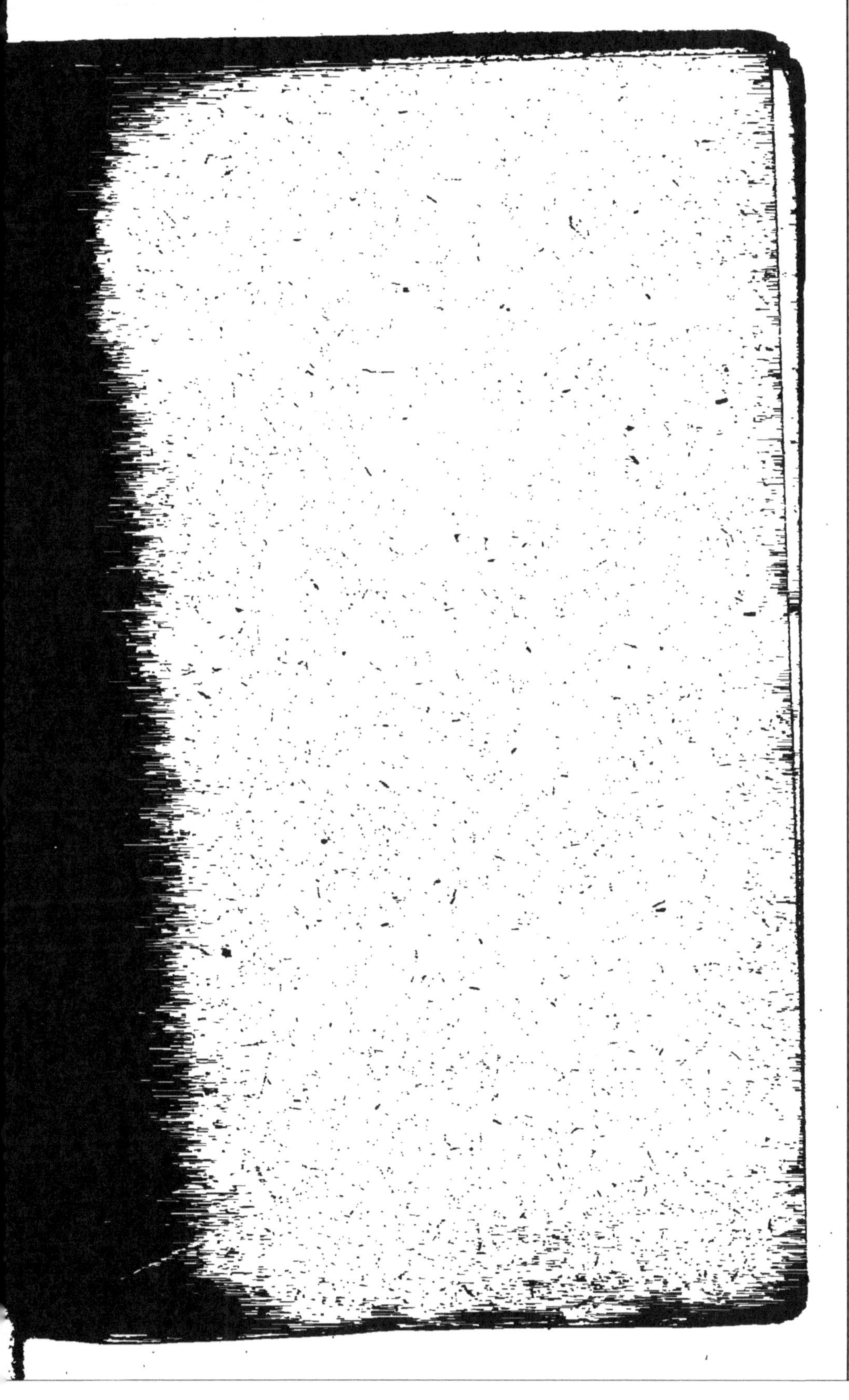

ENCYCLOPÉDIE-RORET

PEINTURE ET VERNISSAGE

DES MÉTAUX ET DU BOIS

MANUELS-RORET

NOUVEAU MANUEL COMPLET

DE

PEINTURE ET VERNISSAGE

DES MÉTAUX ET DU BOIS

CONTENANT

la composition et l'emploi des Couleurs
les plus appropriées à ces industries;
la préparation des Métaux à décorer; l'application
des Vernis;
l'imitation sur Métaux des Pierres précieuses,
et des Bois indigènes et exotiques;
l'ornementation des Articles de Ménage, etc.;

SUIVI DE LA

REPRODUCTION DES LAQUES DU JAPON

AU MOYEN DES VERNIS ET DES LAQUES
sur petits articles et objets de fantaisie

Par M. FINK

NOUVELLE ÉDITION, REVUE ET AUGMENTÉE
Par M. S. LACOMBE

OUVRAGE ORNÉ DE FIGURES

PARIS

ENCYCLOPÉDIE-RORET
L. MULO, LIBRAIRE-ÉDITEUR
12, RUE HAUTEFEUILLE, VIᵉ
1922

AVIS

Le mérite des ouvrages de l'**Encyclopédie-Roret** leur a valu les honneurs de la traduction, de l'imitation et de la contrefaçon. Pour distinguer ce volume, il porte la signature de l'Éditeur, qui se réserve le droit de le faire traduire dans toutes les langues, et de poursuivre, en vertu des lois, décrets et traités internationaux, toutes contrefaçons et toutes traductions faites au mépris de ses droits.

NOUVEAU MANUEL COMPLET

DE

PEINTURE ET VERNISSAGE

[DES] MÉTAUX ET DU BOIS

INTRODUCTION

On désigne d'une façon générale, sous le terme de *peinture en décor*, tout ce qui n'est pas la peinture artistique ou de tableaux. La peinture en décor comprend différentes spécialités qui sont : la peinture en bâtiments, en équipages, sur porcelaine, sur faïence, sur émail, sur verre et enfin sur métaux et sur bois. Cette dernière branche est d'une importance considérable. Aussi avons-nous pensé qu'elle méritait le traité spécial que nous présentons au public.

Il est un art qui est le complément indispensable de ceux que nous venons d'indiquer et qui, depuis longtemps, est appliqué à toutes les branches de la décoration, dont il augmente l'éclat ; nous voulons parler du *vernissage*. Il donne, en effet, par l'application des vernis fins et translucides et par des glacis, un aspect vitreux et chatoyant qui en relève le mérite.

Peinture et Vernissage.1

Aussi est-il regardé comme le dernier mot du finissage de tous les objets peints, contribuant à la décoration de nos appartements, d'une foule d'ustensiles de ménage, d'objets d'usage journalier, d'articles de goût et de fantaisie, fabriqués en bois, en métal ou en d'autres matières, qu'on a cherché à recouvrir de peinture ou d'enduits imitant les métaux les plus précieux, les bois les plus rares, les matières minérales les plus riches, etc., etc. Nous ayons donc donné à cet art une large place, tout en la limitant dans le cadre restreint que nous nous sommes imposé ; mais nos lecteurs y trouveront une compensation dans l'excellence des procédés que nous indiquons.

Un coup d'œil jeté sur la table de notre ouvrage suffira pour convaincre les ouvriers que notre but a été de leur être utile en décrivant la peinture et le vernissage aussi simplement que possible, et en abrégeant autant qu'il est permis de le faire, sans cependant omettre le moindre détail. Car nous savons par expérience que le temps est toujours précieux pour l'ouvrier, et qu'il ne peut apprendre qu'à la condition d'étudier dans des guides qui lui indiquent, d'une manière aussi succincte que complète, et cependant sans aridité, les connaissances qu'il désire acquérir.

Nous ne nous sommes que très peu occupés de la fabrication des couleurs, qui est traitée avec la plus grande autorité dans le *Manuel spécial du Fabricant de couleurs*, de l'*Encyclopédie-Roret* ; nous avons cependant cru utile de rappeler en quelques mots la composition de chacune d'elles et les ingrédients divers entrent dans leur fabrication ou leur application, afin de guider l'ouvrier dans leur emploi judicieux et lui éviter des déboires, qui seraient toujours préjudiciables à ses intérêts.

Lorsque nous avons publié une première édition de ce petit Manuel, nous étions liés envers certaines personnes par des engagements personnels qui ne nous laissaient pas notre entière liberté d'auteurs. C'est à regret que nous avons dû laisser paraître notre ouvrage sans le compléter par des documents qui nous paraissaient indispensables pour que notre sujet fût traité comme nous le comprenions. Aujourd'hui que les circonstances ne sont plus les mêmes et que nous pouvons écrire en toute liberté, nous nous faisons un véritable plaisir de communiquer à nos lecteurs le résultat de nos recherches et de notre expérience.

Cette nouvelle édition est divisée en deux parties : la peinture et le vernissage des métaux et des bois, la reproduction des laques du Japon. Cette dernière forme un travail entièrement nouveau, enrichi de renseignements qui nous sont personnels et qui, jusqu'à ce jour, n'étaient connus que de quelques fabricants. Elle est le complément nécessaire des procédés de peinture et de vernissage des bois, décrits dans la première partie de notre ouvrage.

Nous ne nous sommes pas bornés à ajouter cette deuxième partie à notre ancien travail, nous avons révisé et complété celui-ci, principalement pour le côté pratique des opérations décrites, et nous sommes certains d'avoir produit un ouvrage bon et utile.

Nous livrons donc avec confiance au public

notre nouveau Manuel corrigé et augmenté, persuadés que nos lecteurs tireront profit de nos peines ; nous le croyons nécessaire, indispensable même, aux artisans laborieux qui cherchent à s'instruire dans leur art. Peut-être la vulgarisation de ces procédés donnera-t-elle une nouvelle impulsion à l'industrie qui nous occupe et sera-t-elle une source de bénéfice pour les fabricants français. C'est notre désir le plus ardent, dont la réalisation nous dédommagera amplement de nos peines.

PREMIÈRE PARTIE

PEINTURE ET VERNISSAGE

CHAPITRE PREMIER
De l'atelier et de l'étuve

I. AMÉNAGEMENT DE L'ATELIER

De l'entretien

L'aménagement de l'atelier et son maintien dans un état continuel de propreté doit être l'objet de la surveillance constante du peintre vernisseur. Ce local doit être bien éclairé et tenu dans un état de propreté qui ne saurait jamais être trop scrupuleuse. La poussière surtout est le grand ennemi, car il arrive fréquemment qu'un travail terminé est couvert de rugosités et de manques qui ne sont dus qu'à la négligence dans la tenue de l'atelier dont tous les bons praticiens reconnaissent les prescriptions ci-dessus comme indispensables. Le balai, que l'on croit souverain, ne doit être employé qu'après que le parquet a été préalablement arrosé ; sans cette précaution, on ne fait que déplacer la poussière ; les meubles, pour la même raison, ne doivent être frottés qu'avec des linges humides. C'est à ces conditions seulement que l'on peut espérer obtenir un travail net répondant aux soins qui ont été apportés à sa confection.

On doit, en outre, entretenir une chaleur constante de 15° centigrades au minimum, sans laquelle les couleurs et vernis ne s'étendent souvent que d'une manière insuffisante.

Les ustensiles divers, brosses, pinceaux de toutes espèces, instruments en fer et en bois, tout ce qui sert pour le broyage des couleurs : plaques de marbre, de verre, molettes, doit être placé en ordre sur des tables différentes selon la nature des outils, afin d'en faciliter l'usage et en surveiller la propreté.

Les pots en terre, en porcelaine et en fonte doivent être également protégés ; pour cela, on les enferme dans des armoires assez grandes où sont placés les vases et les bouteilles qui contiennent les huiles, les essences, les vernis et les couleurs en poudre.

Il faut encore avoir plusieurs cadres et tréteaux destinés à recevoir les objets peints que l'on veut faire sécher.

Des couleurs

Les pots ou vases contenant les couleurs doivent être soigneusement bouchés, surtout en été, où l'évaporation se produit plus promptement.

Si l'on négligeait ce soin, il se produirait à la surface une peau qu'on est obligé d'enlever en la coupant avec un couteau aussi près que possible du bord de la circonférence du vase ; on comprend alors la perte qu'occasionne la négligence de boucher les pots aussi hermétiquement que possible.

Les peaux ainsi enlevées ne doivent pas être rejetées : on a en effet un vieux vase où l'on jette tous les résidus ensemble pour les délayer, les éclaircir et les ramener au titre ; il est vrai que cette couleur ne peut servir que pour les premières couches ou des fonds, pour des objets sans valeur, et qu'avant de s'en servir on devra la passer dans un tamis fin en toile métallique.

Des pinceaux

Les pinceaux le plus en usage pour la peinture sont faits en poils de blaireau, de putois, de martre et de fouine. Chacun de ces pinceaux trouve son emploi dans les opérations décrites dans ce Manuel, c'est-à-dire que l'un pourrait être trop faible pour un certain travail, tandis que l'autre pourrait être trop rude. Nous reviendrons plus loin sur ces observations, lorsque nous serons arrivés aux opérations qui nécessitent l'emploi de ces différents pinceaux.

Les pinceaux, et cela à chaque fois qu'on s'en est servi, doivent être débarrassés autant que possible de la couleur qu'ils peuvent encore retenir en les essuyant sur les bords du vase contenant la couleur qu'on vient d'employer.

Ensuite, on les déposera dans un vase propre (destiné à cet usage), contenant de l'eau fraiche qu'on devra changer tous les soirs. Les petits pinceaux traînards à filets, les pinceaux en plumes devront, chaque fois qu'ils auront servi, être lavés à l'essence et graissés à l'huile ou au suif, et déposés dans un lieu où ils ne soient pas exposés à être courbés, parce que ces petits outils conservent facilement les plis. Les pinceaux à faux bois doivent être aussi lavés à l'eau tous les soirs, afin qu'on ne commence pas la journée suivante par des déceptions. Les tables sur lesquelles on travaille doivent être brossées tous les soirs et débarrassées de tout ce qui n'est pas utile au travail du lendemain.

Le samedi, on nettoie l'atelier ; alors tous les vases de couleurs, les pinceaux, les outils et tout ce qui est nécessaire dans un atelier de peinture est rangé dans une armoire *ad hoc*.

Nous ajouterons en passant que les flacons de vernis, d'essences et autres provisions, devront toujours trouver place dans le fond de cette armoire.

C'est alors seulement le lundi, et lorsque toutes les pièces provenant du travail du samedi sont rangées, qu'on peut aussi brosser et balayer l'étuve, et cela avant de recommencer le travail.

II. CONSTRUCTION DE L'ÉTUVE

En principe, l'étuve est destinée à fournir une enceinte présentant une température assez élevée pour hâter la dessiccation des objets peints ou vernis ; on comprend donc qu'elle peut recevoir les formes, les dimensions les plus variées et des modes de chauffage très divers. Nous nous bornerons ici à décrire un modèle très simple et qui, bien que déjà ancien, peut rendre de grands services dans un atelier de moyenne importance, d'autant plus que le prix de son édification est très peu élevé.

L'étuve (fig. 1) doit avoir 2 mètres de hauteur, 1^{m}50 carré à l'intérieur, et être construite en briques réfractaires.

Pour établir une étuve, on commence par bâtir un socle de 30 centimètres de hauteur qui

Fig. 1.

dépasse le périmètre de l'étuve de 10 centimètres sur toutes les faces ; on continue à élever en briques ce qui doit alors former le corps de l'étuve, et lorsque cette construction est terminée, il faut l'enduire de plâtre à l'intérieur, précaution indispensable pour y maintenir la plus grande propreté possible.

On aura soin aussi de ménager à la hauteur du socle un trou de la grosseur d'un tuyau de poêle. A chaque coin, on posera une tringle en fer de 3 à 4 centimètres de largeur et 2 centimètres d'épaisseur sur laquelle on aura rivé des petits crochets, comme l'indique la figure 2, en ayant soin que tous ces crochets regardent à l'intérieur et soient tous dans le même sens.

L'étuve doit être fermée par deux portes en fer.

Fig. 2.

Par le trou qui a été ménagé précédemment, on introduit un tuyau de poêle auquel on fait faire le tour de l'étuve, mais derrière les quatre tringles de fer, afin qu'il ne gêne pas lorsqu'on voudra mettre des grillages à l'étuve.

Les crochets de ces tringles sont posés de distance en distance ; puis on a de petites barres de fer carrées, que l'on pose dans ces crochets en travers de l'étuve derrière et devant.

Fig. 3.

Lorsqu'on veut peindre un ou plusieurs objets, on prend un grillage (fig. 3), formé d'un châssis en bois de sapin et recouvert d'un grillage de fil de fer. On pose les objets sur le grillage, puis, tenant la barre du milieu avec la main gauche et le bout avec la main droite, on porte le tout à l'étuve.

Cela fait, on pose un fourneau derrière l'étuve et l'on introduit l'ouverture dans celle du trou ménagé ; on chauffe alors le fourneau, la chaleur dégagée par le tuyau qui fait le tour de l'étuve se répand dans celle-ci et sèche les objets déposés dans l'étuve.

CHAPITRE II

Des couleurs

—

SOMMAIRE. — I. Nomenclature des couleurs les plus usitées dans l'art du vernissage. — II. Aperçu sur la composition des couleurs et leur emploi. — III. Broyage des couleurs. — IV. Agents qui rendent les couleurs applicables.

CONSIDÉRATIONS GÉNÉRALES

La peinture est l'art de recouvrir une surface donnée de substances préparées et appliquées dans des conditions qui peuvent varier à l'infini.

Les substances employées en peinture sont les couleurs, et chacune d'elles possède un nom différent.

Les couleurs se divisent en deux catégories et sont de nature différente. La première de ces catégories se compose des couleurs qui couvrent en une ou plusieurs couches et que pour plus de clarté nous appellerons *couleurs positives*. Nous les distinguerons dans la nomenclature qui va suivre par la lettre P. La seconde catégorie est formée de couleurs translucides que par opposition aux premières nous appellerons *couleurs négatives*. Elles ont besoin d'être préparées d'une manière différente des précédentes, et nous les indiquerons dans la monenclature par la lettre N. Les autres couleurs non marquées sont des dérivées des précédentes.

Les couleurs le plus en usage dans la peinture sur métal sont les suivantes :

I. NOMENCLATURE DES COULEURS
LES PLUS USITÉES DANS L'ART DU VERNISSAGE

Blanc d'argent dit blanc léger ou blanc de Krems.   P.
— de baryte.
— de céruse.   P.
— de craie.
— fixe.
— gris d'argent.
— de marbre.
— de perle.   P.
— de spath pesant.
— de Vienne.
— de zinc.   P.

Bleu anglais.
— d'Angleterre.   P.
— d'Anvers.
— de Berlin.
— de carmin indigo.
— de cendre naturelle.
— de cobalt.   P.
— de cuivre.
— d'émail.
— d'empois.
— de Hollande.   P.
— impérial.   P.
— d'indigo.   N.
— milori.   P.
— minéral.
— de montagne.
— de Nemrod.
— d'outremer.   N.
— de Paris.   N.

Bleu de pourpre indigo.
— de Prusse.   N.
— de Rixheim.   N.
— de smalt.   P.
— de Saxe.   P.
— de safre.
— Thénard.

Jaune d'Allemagne.   P.
— d'arsenic ou sulfate jaune d'arsenic, orpiment, orpin, réalgar, jaune métallique.   P.
— de Cassel ou jaune minéral.
— de cadmium clair.   P.
— de cadmium foncé.   P.
— de cadmium (sulfate).
— chrome clair   P.
— chrome foncé.   P.
— gomme-gutte.
— d'ocre.   P.
— d'ocre de ru.   P.
— d'outremer.
— indien.   P.
— d'Italie.   P.
— de Naples clair.   P.
— de Naples foncé.   P.

Jaune stil-de-grain.
— terre jaune de Sienne claire.
— terre jaune de Sienne foncée.
Noir de corbeau.
— d'Espagne ou de fusain.
— de fumée. P.
— de Francfort, de charbon ou d'impression.
— d'ivoire. P.
— d'os.
— de pêches.
Rouge d'Allemagne. P.
— carmin de cochenille ou carmin rouge. P.
— de garance. P.
— de chrome ou chromate de mercure.
— cinabre ou bisulfure de mercure.
— cinabre de chrome.
— de garance.
— indien. P.
— de minium. P.
— d'ocre. P.
— ocre rouge.
— ocre lavée.
— oxyde de fer.
— de Perse. P.
— sanguine.
— de saturne. P.
— de Sienne.

Rouge vermillon anglais. P.
— vermillon allemand. P.
— vermillon français. P.

Terres et couleurs brunes.

Brun-rouge. P.
— de Van-Dyck. P.
— de velours. P.
Terre de Cassel ou de Cologne ou lignite terreux. P.
— d'ombre naturelle. P.
— d'ombre calcinée de Hollande. P.
— de Sienne naturelle. P.
— de Sienne calcinée. P.
Vert acétate neutre de cuivre.
— anglais. P.
— bleu de montagne.
— Braunschweig.
— de Brême.
— chrome ou cinabre vert.
— de gris. N.
— de gris distillé, cristallisé ou verdet. N.
— milori. P.
— métis ou mitis. P.
— minéral.
— outremer. P.
— de pierre.

Vert Scheele.	Vert de Vienne.
— Schweinfurth.	Laque anglaise. N.
— de Suède.	— carminée. N.
— terre de Véronc.	Laque brune. N.
— terre verte.	— jaune et capu-
— Paul Veronèse. P.	cine. N.

L'artiste vernisseur peut, à l'aide des renseignements qu'il trouvera dans les indications que nous donnerons ci-après sur le mélange des couleurs, obtenir de chacune d'elles la plus grande variété de tons et de nuances, mais il importe qu'il soit familiarisé avec la composition de ces mélanges ; notre cadre ne nous permet pas de les lui indiquer tous, mais nous lui signalerons, après chaque série de couleurs premières, les principales nuances que l'on peut en obtenir et que nous désignerons sous le nom de *mélanges*.

II. APERÇU SUR LA COMPOSITION DES COULEURS ET LEUR EMPLOI

Couleurs blanches

Blanc d'argent, dit blanc léger. — Ce blanc n'est qu'un blanc de plomb ou de céruse de première qualité que l'on prépare avec le plus grand soin et que l'on débarrasse, par un plus grand nombre de lavages, de toute espèce d'impureté.

Blanc de céruse. — Outre le blanc indiqué dans l'article précédent, le plomb donne encore le *blanc de plomb*, qui porte dans le commerce le nom de *céruse*, et que l'on a souvent le tort de considérer comme du carbonate de plomb, la céruse étant en réalité un mélange de *carbonate et d'hydrocarbonate de plomb*.

Le *blanc de céruse* s'emploie rarement seul. On adoucit ordinairement sa teinte trop vive par les additions suivantes :

On obtient avec le blanc de céruse le *blanc de perle* par une légère addition de *bleu de Berlin*, et le *gris d'argent*, en y ajoutant du noir de fumée fin.

On le mêle également à la plupart des couleurs, soit pour leur donner du liant et les rendre plus siccatives, soit pour les amener au ton désiré. Cette couleur est très vénéneuse.

Les *blancs de craie*, de *marbre* et de *Vienne* sont des carbonates de chaux qui sont broyés indifféremment à l'huile ou à l'eau.

Le *sulfate de baryte, spath pesant, blanc fixe*, est une substance blanchâtre, ou rougeâtre, cette coloration étant due à la présence d'oxyde métallique et d'oxyde de fer particulièrement ; c'est une matière pesante, qu'on rencontre dans la nature en filons très abondants dans les gîtes de plomb, d'argent, de mercure, etc..., et dans beaucoup d'autres terrains.

Le *spath pesant* est également du sulfate de baryte, mais bien blanc ; il produit une couleur blanche fort belle, non vénéneuse, qui résiste à la plupart des agents et des réactifs, mais à laquelle on reproche de couvrir fort peu.

Le poids considérable de la baryte et son très bas prix la font souvent employer pour frauder la céruse. Pour démasquer cette fraude, il suffit de verser sur la céruse de l'acide nitrique étendu, qui doit la dissoudre en entier si elle est pure, et qui est sans action sur le sel de baryte.

On fait beaucoup aujourd'hui du sulfate de baryte précipité qui est d'une très grande blancheur et très pur ; sans avoir un pouvoir couvrant considérable, il est néanmoins de beaucoup supérieur à celui du sulfate de baryte naturel et à celui du spath pesant.

Le *blanc de zinc* est un oxyde de zinc que l'on obtient en brûlant le zinc au contact de l'air. Il présente ce double avantage de ne pas noircir au contact de l'acide sulfhydrique, comme le fait le blanc de plomb, et d'être presque sans aucune action fâcheuse sur l'économie, tandis que le blanc de plomb est très vénéneux et occasionne souvent chez ceux qui l'emploient journellement la terrible maladie appelée colique des peintres. On lui reproche de couvrir moins bien que la céruse. On le trouve dans le commerce sous la forme d'une poudre légère très blanche, qu'on prépare à l'huile siccative d'œillette.

MÉLANGES : *Gris cendré.* — Mélange de blanc et de noir, une pointe de bleu de Prusse.

Gris pierre. — Blanc fixe, bleu de Paris, cinabre, laque carminée et noir de vigne.

Gris perlé. — Blanc fixe et indigo.

Couleurs bleues

Les couleurs bleues se distinguent particulièrement en ce que celles qui sont les plus pures et qui ont le plus de brillant sont en même temps celles qui ont le plus de fixité.

Les *bleus de Prusse, de Berlin, de Paris,* le *bleu de Saxe* et le *bleu minéral* s'obtiennent en précipitant une solution de cyanoferrure de potassium par une dissolution de sulfate de fer et traitant le précipité par l'acide azotique étendu ou par l'acide chlorhydrique qu'on lave et qu'on fait sécher. Les bleus purs sont appelés *bleus de Paris*, les *bleus de Berlin* sont mélangés d'alumine. La beauté du produit dépend de la pureté des matières employées à sa fabrication. Pour les sortes les plus fines, on se sert de prussiate de potasse purifié par une ou plusieurs cristallisations ; pour les bleus communs, on se contente habituellement de la dissolution brute de prussiate ; et pour les variétés inférieures, on utilise les eaux-mères, résidu de la cristallisation de ce sel. Le sulfate de fer suroxydé par une exposition prolongée au contact de l'air est à peu près exclusivement employé à la fabrication du bleu de Prusse ; mais le nitrate de peroxyde de fer donne un produit bien supérieur.

Le bleu de Prusse du commerce est en masse plus ou moins compacte, à cassure terne et cuivrée ; il est d'un bleu foncé à reflet rougeâtre et prend par le frottement un bel éclat métallique bronzé ayant quelque analogie avec l'indigo. Sous l'action de la lumière ou d'une chaleur modérée, il devient d'un brun jaune ; mais le contact de l'air, dans l'obscurité, lui rend sa couleur, qui cependant s'affaiblit après chaque intermittence. C'est une couleur très vénéneuse qui se prépare à l'eau et à l'huile.

Le *bleu minéral* ou *d'Anvers*, est un mélange à proportions variables, de bleu de Prusse, d'alumine, de carbonate de magnésie et autres poudres blanches ; sa teinte, qui varie depuis le bleu foncé jusqu'au bleu clair, est encore très riche en matière colorante ; on le prépare à l'huile.

L'*indigo* est fourni par les feuilles de plusieurs plantes, presque toutes rangées, en raison de leur propriété, sous le nom de plantes indigotifères, *indigotifera*. La plupart de ces plantes sont indigènes des Indes et du Mexique, d'où on les a transportées dans plusieurs autres régions.

Pour obtenir l'indigo, on prend les feuilles à maturité, on les lave et on les incise : on les met ensuite dans une cuve, on les recouvre d'un peu d'eau, en les fixant dans le fond au moyen de planches chargées de fer pour les empêcher de flotter. La fermentation s'établit bientôt, la liqueur contracte une couleur verte. On fait passer cette liqueur dans une cuve, on la remue, et l'on sépare l'indigo, en y ajoutant une suffisante quantité d'eau de chaux. On lave le dépôt à plusieurs eaux et on fait sécher à l'ombre.

L'indigo du commerce est quelquefois impur. On y reconnaît la présence du bleu de Prusse, en le traitant par l'eau de potasse ; alors la couleur s'affaiblit, tandis que l'indigo, quand il est pur, ne subit aucune altération. On peut aussi le traiter par l'acide sulfurique fumant, qui décolore le bleu de Prusse et dissout l'indigo sans altérer sa couleur, ou par le chlore, qui décolore l'indigo et n'attaque pas le bleu de Prusse.

Bleu de montagne, ou cendre bleue naturelle, bleu anglais, bleu de chaux, bleu de cuivre, bleu de Nemrod. — Cette couleur s'obtient en réduisant en poudre le carbonate tribasique de cuivre hydraté qu'on rencontre dans la nature sous forme de beaux cristaux bleus. Cette substance est employée dans l'impression des papiers peints ; elle porte alors le nom de *cendre bleue naturelle*. On obtient aussi ces couleurs en précipitant une dissolution d'azotate ou de chlorure de cuivre par de la chaux pure, et en triturant avec de la chaux le dépôt presque sec. Ces couleurs sont vénéneuses et se préparent à l'huile.

Bleu de cobalt. — Le cobalt est un métal d'un gris blanc comme le platine, ductile, malléable et susceptible d'un beau poli. La couleur qu'on en tire s'obtient en faisant fondre ensemble du minerai de cobalt grillé, du sable blanc et du carbonate de potasse. Pendant la fusion, il se réunit ordinairement au fond du creuset une certaine quantité de *speiss* (sulfo-arséniure de nickel), parce que le minerai renferme toujours d'autres métaux mélangés avec lui ; mais la masse principale est formée d'une espèce de verre bleu appelé *smalt*, qu'on pulvérise sous des meules et qui forme l'azur artificiel ou bleu de cobalt.

On peut encore obtenir de très bel azur de la manière suivante : on dissout dans l'eau 100 parties d'alun, on y ajoute deux parties d'oxyde de cobalt, préalablement dissous dans un acide, puis on verse dans le mélange du bicarbonate de potasse. Il se forme un précipité, qui doit être chauffé à une très forte chaleur pour acquérir toute la vivacité de sa couleur. Il se prépare en couleur primitive et il a l'inconvénient de sécher trop vite.

Le *bleu d'outremer* est extrait de la *lazulite, lapis lazuli*, ou *lazulite bleu d'azur*, minéral qui appartient aux terrains granitiques. Cette substance, très reconnaissable par sa couleur d'azur, a la propriété de la conserver à un feu très violent.

La *lazulite outremer* se trouve le plus ordinairement en morceaux épars et roulés ; la plus belle nous vient de la Prusse, de la Chine et de la Grande-Boukharie. C'est une pierre opaque et pesante, bleu pur ou bleu sale, parsemée de paillettes d'or et de cuivre. Pour extraire le bleu d'outremer de cette pierre, on la fait rougir, on la jette ainsi dans l'eau froide pour la rendre moins dure ; ensuite on la pulvérise ; on la mêle intimement avec le double de son poids de mastic formé de résine, de cire et d'huile de lin cuite ; on met la pâte qui en résulte dans un linge et on la pétrit dans l'eau chaude à plusieurs reprises pour en faire sortir la couleur. La première eau est ordinairement sale, et on la jette ; la seconde donne un bleu de première qualité ; la troisième en donne un moins précieux, et ainsi de suite jusqu'à la fin de l'opération, où le bleu que l'on obtient est si pâle qu'on le désigne sous le nom de *cendre d'outremer*. On laisse déposer ces liqueurs pour en obtenir différents bleus, qui n'exigent alors d'autre opération que d'être broyés finement avant de les faire sécher.

Bleu de smalt, connu aussi sous les noms de *bleu d'azur, bleu de safre, bleu de Saxe, bleu d'émail, bleu d'empois, verre de cobalt*. — C'est un silicate double de potasse et de cobalt dû au verrier Christophe Schurwer. Sa découverte remonte au xvie siècle. On le prépare avec certains minerais de cobalt (smaltine ou cobaltine), que l'on grille et dont on recueille le résidu nommé *safre*. Celui-ci est porté au rouge blanc dans des creusets réfractaires, avec du quartz broyé et de la potasse ; la masse fondue est brusquement refroidie ; on broie sous des meules et la poudre obtenue est le *smalt*.

L'intensité de la couleur varie assez sensiblement ; les sortes les plus foncées sont appelées *bleu royal* et *bleu impérial*.

On le trouve souvent dans le commerce mélangé avec du sulfate ou du carbonate de chaux, du spath pesant ou de l'outremer.

Carmin d'indigo, pourpre d'indigo d'Angleterre, bleu de Hollande. — Les acides ne dissolvent pas l'indigo ; mais l'acide sulfurique fumant, dit acide sulfurique de Nordhausen, le dissout à peu près entièrement. Suivant les diverses proportions de l'acide qu'elle renferme, cette dissolution porte différents noms. Ainsi des équivalents égaux d'acide et d'indigo s'appellent *pourpre d'indigo* ; 8 à 10 parties d'indigo et 16 à 20 d'acide sulfurique constituent le *carmin d'indigo* ou acide sulfindigotique. La plupart du temps, on confond en peinture ces deux solutions sous les noms de bleu en liqueur, bleu de composition. Cette couleur est solide et s'emploie à l'huile.

On obtient aussi, en mélangeant dans des proportions indéterminées du bleu de Prusse, de l'indigo, du smalt, de la craie et de l'amidon, une couleur à laquelle on donne du liant et de l'homogénéité au moyen d'un mélange de riz et qu'on fait sécher en morceaux ou en trochisques, Cette couleur, à laquelle on donne le nom de *bleu d'Angleterre*, *bleu de Hollande*, *platt d'indigo*, est assez belle, mais elle manque de fixité.

Bleu de cuivre. — Cette couleur, qui rentre dans la série des *cendres bleues*, peut en être distinguée par son éclat et la manière dont elle est obtenue. On verse, pour cela, une dissolution de potasse du commerce dans une dissolution de bisulfate de cuivre, on lave le carbonate de cuivre qui se précipite, puis on le broie avec de la chaux à laquelle on ajoute un peu de sel ammoniac. L'addition de ce sel qui est décomposé par la chaux, donne beaucoup d'éclat à la couleur ; il en résulte une sorte d'ammoniure d'un bleu très foncé. Cette couleur est très vénéneuse.

Bleu de Thénard. — La découverte de cette belle couleur est due à Thénard : aussi porte-t-elle son nom dans le commerce. Elle est composée d'acide phosphorique et d'oxyde de cobalt avec un excès de cette base. Ce sous-phosphate de cobalt, calciné avec de l'alumine, donne lieu à une couleur assez belle pour remplacer l'outremer, auquel, en effet, on le substitue dans un grand nombre de cas, vu la modicité de son prix comparé à celui du bleu d'outremer. Ce très beau bleu noircit malheureusement sous l'influence de la lumière. Il est vénéneux, on le broie à l'huile.

MÉLANGES : *Bleu violet.* — Mélange de bleu de Paris, de blanc et de laque carminée.

Bleu lilas. — Bleu de Berlin, de blanc et de laque carminée.

Couleurs jaunes

Généralités sur les ocres. — Ce sont des substances argileuses, mélangées avec une proportion d'oxyde de fer assez forte pour qu'on puisse les employer comme matières colorantes. Les carrières d'ocre sont très répandues à la surface du globe. Il y en a en France, principalement dans la Nièvre, le Cher, l'Yonne, dont les produits sont très estimés. La préparation des ocres est très simple : le produit naturel est soumis à des lévigations et à des broyages successifs avec l'eau qui donnent des poudres à divers degrés de ténuité. Lorsque les poudres ainsi obtenues ont été parfaitement séchées, on les broie à l'huile.

Les *ocres jaunes* sont les plus abondantes : telles sont celles du centre de la France et celles qui viennent de la Saxe ; les peintres les connaissent sous différents noms. Nous ne parlerons ici que de celles qui sont le plus en usage pour le vernissage ; ces ocres ne sont pas vénéneuses et se préparent à l'huile.

L'ocre jaune est une couleur plus ou moins pure qui résulte de la combinaison de l'alumine avec l'oxyde de fer hydraté. Elle est d'un jaune foncé, mais un peu terreux ; il en existe plusieurs variétés ; il nous suffira de citer les deux espèces suivantes, qui doivent être employées de préférence.

Ocre de Saint-Georges-sur-la-Prée (Cher). Elle est formée de :

Argile	69.5
Peroyxde de fer.	23.5
Eau.	7.0
	100.0

Elle est d'un beau jaune à grain très fin.

Ocre de la Berjaterie (Nièvre). Sa composition est de :

Argile	64.4
Peroxyde de fer.	26.6
Eau.	9.0
	100.0

Sa couleur est aussi foncée que la précédente, mais son grain est souvent fin. On extrait aussi de très belles ocres de Pourrain, Diges et Toucy (Yonne).

Ocre de rue ou de rû. — Cette ocre est un hydrate de sesquioxyde de fer mêlé à de l'argile et à de la silice. On la trouve dans les ruisseaux qui avoisinent les mines de fer. Elle est d'une couleur jaune brunâtre en masses terreuses et pulvérulentes. A l'huile, la teinte qu'elle donne se rapproche de celle du chocolat. Avec 10 ou 12 fois son poids de céruse, la couleur qu'elle donne est celle du bois de chêne.

L'artiste peut composer artificiellement cette couleur en mêlant à l'ocre jaune un peu de bleu avec une pointe d'ivoire.

Le *stil de grain* est une laque qu'on prépare avec le nerprun des teinturiers, dont la graine contient une matière colorante jaune à laquelle on a donné le nom de rhamnine, que l'alun fait passer au jaune foncé et les carbonates au brun jaunâtre.

La graine du nerprun qui croît en France, principalement à Avignon, en Espagne et en Italie, est celle qu'on préfère à cause de son prix peu élevé.

Pour préparer le stil de grain, on fait bouillir pendant 1 heure un kilogr. de graine dans 8 litres d'eau, et l'on passe cette décoction à travers un tamis : la graine restant sur le tamis est de nouveau mise à bouillir. Les deux décoctions étant réunies, sont filtrées ; puis, on y fait dissoudre 1 kilogr. d'alun en poudre, et après l'avoir laissé refroidir, on précipite l'alumine au moyen du sous-carbonate de soude. L'alumine, en se précipitant, entraîne avec elle la matière colorante ; celle-ci est d'autant plus foncée qu'on aura employé moins d'alun. On la prépare à l'huile ; c'est une couleur d'un beau jaune, mais qui n'est pas solide. On s'en sert beaucoup pour produire sur bronze et argent des effets de glacis.

Jaunes de chrome foncés et clairs. — Le chrome est un métal dont la couleur rappelle celle de l'étain ; il est très cassant et très peu fusible. On l'emploie dans la peinture à l'état de chromate de potasse pour en obtenir le chromate de plomb ou jaune de chrome. Cette couleur est un sel d'un beau jaune dont on fait un grand usage dans la peinture, sous le nom de jaune de chrome. On l'obtient en versant une dissolution de chromate de potasse dans une dissolution d'acétate de plomb. Sa teinte passe du jaune serin au jaune orangé, suivant que le chromate de potasse employé est neutre ou acide. Ces couleurs s'emploient à l'huile de lin ou à l'essence de térébenthine.

Jaunes de cadmium. — Le cadmium est un métal grisâtre, que l'on rencontre dans presque tous les minerais de zinc. Pour obtenir les *jaunes de cadmium clairs* ou *foncés*, on commence par faire une solution de nitrate ou de sulfate de cadmium, et l'on fait passer un courant d'hydrogène sulfuré à travers cette solution. Il se précipite un sulfure de cadmium qu'on lave, qu'on recueille sur un filtre et qu'on sèche à l'étuve. Ainsi préparée, la couleur est en poudre impalpable d'une belle teinte jaune, qui couvre très bien. Les jaunes de cadmium sont d'une grande utilité dans le vernissage.

Jaune d'Allemagne. — On l'obtient en décomposant du sulfate de chaux et du chromate de plomb dans une dissolution de soude. Cette couleur est très solide et d'un grand éclat.

Jaune d'arsenic ou *sulfure jaune d'arsenic,* ou *orpiment, orpin, réalgar jaune.* — Ce minéral est un trisulfure d'arsenic, d'un très beau jaune d'or, se présentant le plus souvent en masses formées par des lames flexibles, demi-transparentes, faciles à séparer.

L'orpiment se rencontre dans la nature souvent mélangé au *réalgar* ou bisulfure d'arsenic. La nature ne produisant pas suffisamment d'orpiment pour les besoins des arts, on en fabrique d'artificiel ou arsenic sulfuré jaune ; c'est un mélange d'acide arsénieux et de sulfate d'arsenic dans les proportions de quatre-vingt-seize parties du premier et six parties du second.

On ne peut pas combiner cette couleur avec les couleurs où entre le blanc de plomb et quelques autres couleurs métalliques, parce qu'elle les noircit. C'est une couleur excessivement vénéneuse, qu'on ne doit préparer et manier qu'avec beaucoup de précautions, et qui d'ailleurs tient assez peu. On la broie à l'huile, elle donne avec le bleu de Prusse un assez beau vert, mais qui est sujet à noircir.

Jaune de Cassel ou *jaune minéral*. — On prépare ce jaune en mélangeant ensemble vingt et une parties de minium et deux parties de sel ammoniac (chlorhydrate d'ammoniaque); on chauffe jusqu'à fusion dans un creuset, on coule sur un marbre et l'on pulvérise. Cette couleur exige une extrême propreté pour sa préparation. L'intensité de sa teinte dépend de la proportion du chlorure alcalin; on la modifie et on l'éclaircit en faisant refondre et en ajoutant un peu de sel ammoniac; on la fonce par une seconde fusion. On l'emploie pour la peinture des équipages; en y mélangeant du jaune de chrome, on peut foncer la couleur. Elle se délaie à l'huile. Il faut éviter de la mettre en contact avec des composés sulfurés.

La *gomme-gutte* est une matière gommo-résineuse qui découle des rameaux brisés de plusieurs arbres ou des incisions qu'on pratique à leur écorce; ces arbres croissent au Siam, à Ceylan et au Cambodge. Elle nous arrive sous forme de cylindres ou de gâteaux bruns, jaunâtres à l'extérieur, rouge orangé à l'intérieur, très durs, fragiles, à cassure brillante, qui, réduits en poudre, affectent une couleur jaune très riche. Elle est insoluble dans l'eau, soluble dans l'alcool et l'éther et composée de 80 0/0 de résine pure et de 20 0/0 de gomme. On parvient à dissoudre la résine jaune au moyen de l'essence de térébenthine rectifiée sans toucher à la gomme. La solution soumise à certaines préparations donne une résine rouge hyacinthe lorsqu'elle est en masse, jaune vif lorsqu'elle est pulvérisée, et qui se délaie très bien dans les huiles.

La gomme-gutte est assez employée dans le vernissage, mais elle a l'inconvénient de pâlir d'une manière assez sensible à la grande lumière.

Jaune indien. — Il provient d'une substance jaune importée des Indes orientales et de la Chine sous forme de morceaux arrondis du poids de 150 à 200 grammes, d'un vert brun à l'extérieur et d'un jaune orangé très riche à l'intérieur, insoluble dans l'alcool et l'éther. C'est une combinaison de magnésie avec un acide particulier auquel on a donné le nom d'*acide exantique.*

Il brûle à l'état pur comme de l'amadou, donne un petit résidu qu'on réduit en poudre en le lavant à l'eau bouillante. Après l'avoir séché, il fournit une belle couleur jaune, solide, non vénéneuse, qui ne sèche qu'avec lenteur.

On la trouve ainsi préparée dans le commerce ; elle est préférée dans la peinture à l'huile aux chromates de plomb ou de zinc.

Jaune de Naples clair et foncé, jaune d'Italie. — Le véritable jaune de Naples est une combinaison particulière d'oxyde de plomb et d'acide antimonique, qui provient des laves du Vésuve. La composition de cette couleur a été longtemps tenue secrète ; on l'obtient par divers procédés ; nous en indiquerons deux qui sont le plus fréquemment employés. On fait fondre deux parties de minium avec trois parties d'antimoine métallique réduit en poudre et une partie de calamine ; ou bien : cinq parties de litharge, deux parties d'antimoniate de potasse et une partie de sel ammoniac.

Ces jaunes varient de nuance suivant les divers procédés que l'on emploie à leur fabrication et les doses de chaque élément constitutif, mais ils ont, en général, de l'éclat, de la richesse et de la solidité ; ils se marient volontiers avec d'autres couleurs. Ils servent pour les fonds de chamois, pour les beaux jaunes imitant l'or et pour les équipages.

Jaune d'outremer. — C'est un chromate de baryte qui se présente sous l'aspect d'une poudre jaune obtenue en précipitant une solution de chlorure de baryum dans l'eau, par une solution de chlorate de potasse dont le précipité a été recueilli, lavé et séché à une température modérée. Il s'emploie comme couleur à l'huile.

Terre jaune de Sienne, claire, foncée. — C'est une variété d'ocre jaune, d'une finesse extrême, qui se tirait et se préparait, à l'origine, aux environs de Sienne, en Italie. Ces terres, qui sont d'un usage très répandu, ont différentes nuances : jaunes, claires et foncées. Toutes ces ocres n'exigent aucune préparation, avant de les employer, que de les laver plusieurs fois à grande eau, pour enlever ce qu'elles peuvent contenir encore de substances étrangères à la couleur et en faciliter le dépôt au fond du vase. Ces lavages terminés, il ne reste plus qu'à les jeter sur des filtres de papier gris soutenus par une toile forte légèrement tendue, et ensuite à ramasser la couleur pour en former des trochisques qu'on arrange sur du papier gris et que l'on amène jusqu'à siccité parfaite.

C'est une couleur qu'on emploie à l'huile ; elle est très riche et d'un prix fort peu élevé.

MÉLANGES : *Jaune.* — Mélange de blanc, de rouge de chrome et de cinabre. La combinaison de ces couleurs à divers degrés produit les nuances les plus variées.

Chamois. — Jaune de chrome ou d'ocre, jaune de cinabre et blanc.

Café au lait. — Céruse, ocre jaune, un peu de bitume.

Nankin. — Céruse, ocre jaune, un peu de bitume.

Jaune bouton d'or. — Jaune de chrome, rouge de chrome.

Jaune orange. — Jaune de chrome et cinabre.

Jaune citron. — Jaune bouton d'or, une pointe de bleu et de blanc.

Jaune paille. — Jaune clair de chrome et céruse.

Jaune de feu. — Jaune clair de chrome et terre de Sienne.

Couleurs noires

Noir de bougie. — Nous avons conservé le nom de ce noir bien qu'il ne se fasse plus, industriellement au moins, parce que tout le monde peut le fabriquer. Il suffit en effet de faire brûler une bougie en stéarine au dessous d'une assiette ou d'un entonnoir en métal, en aplatissant légèrement le bout de la flamme ; on obtient ainsi une suie d'un beau noir qu'il n'y a qu'à recueillir sans la comprimer pour ne pas lui faire perdre de sa légèreté.

On trouve plutôt, dans le commerce, le noir suivant :

Noir de fumée, noir de corbeau. — On l'obtient par la combustion incomplète de matières très riches en carbone et qui brûlent avec une flamme fuligineuse. Cette combustion produit une poussière noire extrêmement légère, connue dans les arts sous le nom de noir de fumée.

Les substances qu'on emploie pour préparer ce noir sont ordinairement les résines, les goudrons, les huiles de goudron, de schiste et de pétrole, enfin diverses huiles végétales ; ces dernières produisent le noir le plus beau et le plus pur ; mais son prix est plus élevé que lorsqu'on le prépare avec les premières.

On distingue dans le commerce trois espèces principales de noir de fumée :

Le noir de résine ;

Le noir de goudron ;

Le noir d'huile ou de lampe.

Nous renvoyons pour la description de chacun des procédés employés pour obtenir ces couleurs au *Manuel complet du Fabricant de Couleurs,* de l'Encyclopédie-Roret.

Noir de Francfort, noir d'impression ou *noir de charbon.* — Ils se préparent en brûlant dans des vases clos de la lie de vin, et en réduisant en poudre le charbon obtenu que l'on broie à l'eau, afin de le réduire en poudre ténue et de le mouler en pains. On prépare de la même manière *le noir d'impression* connu sous le nom de *noir de charbon*. Le charbon est réduit en poudre et broyé à l'eau entre deux meules placées dans une espèce de baquet et mues à l'aide d'un moteur quelconque. On laisse reposer la matière pendant plusieurs jours pour décanter l'eau qui surnage ; on achève ensuite de l'égoutter dans des paniers garnis de toile puis on la moule et on la fait sécher. Ces couleurs sont employées par le vernisseur comme couleurs à l'eau et à l'huile.

Noir de pêches. — On l'obtient en calcinant en vases clos les noyaux de pêches, d'abricots et d'autres fruits. Pour l'avoir en poudre impalpable, on pile les noyaux calcinés dans un mortier en fonte : la poudre passée au tamis de soie et broyée à l'eau pure, donne un noir très beau, mais d'une teinte un peu roussâtre. C'est la véritable fabrication de ce noir, mais il est douteux qu'on puisse le trouver dans le commerce qui vend, sous ce nom, des noirs aussi beaux, mais préparés à l'aide de bois ou de végétaux autres que les noyaux des fruits que nous venons de signaler.

Noir d'ivoire. — On le prépare en faisant calciner de l'ivoire en vase clos. On introduit des râpures d'os ou des râpures d'ivoire dans un creuset en terre réfractaire, fermé au moyen d'un couvercle ; on chauffe ensuite le creuset à une température rouge, dans un fourneau à réverbère, et l'on reconnaît que l'opération est terminée lorsque les gaz cessent de brûler à la jonction du couvercle. Après le refroidissement complet, on retire le charbon et on le réduit en poudre.

Ce noir est plus fin que le noir d'os et ne s'emploie que pour la peinture fine à l'huile ; mais nous devons faire remarquer que la plus grande partie du noir vendu dans le commerce, sous le nom de noir d'ivoire, n'est autre chose que du noir d'os épuré.

Noir d'os. — Les os d'animaux se composent d'eau, de graisse, d'albumine, de phosphates de chaux et de magnésie, de carbonate de chaux et d'une matière organique fibreuse qui y entre pour 32 0/0, laquelle, quand on les chauffe au rouge en vases clos, se décompose et donne naissance à des produits liquides ou gazeux qui se dégagent, et à un résidu charbonneux qui constitue le noir animal ou noir d'os. Avant de procéder à la carbonisation des os, on les dégraisse, puis on les introduit dans des fours spéciaux, et, après cette calcination, on les pulvérise sous des meules et l'on passe à travers des tamis de soie.

Les noirs d'os possèdent, en général, un reflet rougeâtre, qu'on fait disparaître en partie en les chauffant avec de l'acide chlorhydrique étendu, en lavant à l'eau et en calcinant une seconde fois.

On les emploie comme couleurs à l'huile.

Noir d'Espagne ou *noir de fusain.* — Il s'obtient par la calcination du bois de fusain. On choisit pour cette opération du bois très sec, qu'on divise en petites baguettes et qu'on introduit ensuite dans un creuset en fonte ou en forte tôle. Le creuset est ensuite chauffé à une température rouge pendant une ou deux heures. Après le refroidissement, on réduit en poussière le produit et on le prépare à l'huile.

Les jeunes branches donnent un charbon plus léger et meilleur que celui qu'on obtient des autres parties de l'arbre.

On emploie également avec succès les ceps de vigne, et même le liège, qui pousse plus au brun.

Quand on mélange le noir de fusain avec du blanc, on obtient un gris d'argent d'un assez bel effet.

MÉLANGES : *Noir aile de corbeau.* — Mélange de noir d'ivoire, bleu de Prusse et pointe de terre d'ombre brûlée.

Tête de nègre. — Noir d'ivoire, vert foncé, une pointe de vermillon.

Noir fumée de Londres. — Noir d'ivoire, un peu de jaune orangé, une pointe de terre d'ombre naturelle et du Japon.

Couleurs rouges

Carmin de garance. — C'est une couleur d'une teinte rouge extrêmement vive, qui peut remplacer les couleurs de même nuance tirées de la cochenille. On l'obtient en prenant de la garance d'Avignon, à laquelle on fait subir une fermentation ; on la désagrège alors et on la verse dans quatre fois son poids d'acide sulfurique ramené à 55° Baumé par une suffisante quantité d'eau. On obtient de la sorte une espèce de bouillie qu'on abandonne à elle-même pendant trois heures. On ajoute quatre à cinq parties d'eau, on filtre à travers un lit de verre pilé, placé dans un entonnoir de verre ou de plomb, et l'on reçoit la liqueur dans un vase contenant une très grande quantité d'eau.

Le carmin ne tarde pas à se précipiter ; on le recueille sur un filtre de papier, puis on le lave et on le fait sécher. Le carmin de garance sert au vernisseur pour les glacis.

Carmin de cochenille. — Il vient de la cochenille, petit insecte originaire du Mexique et qu'on cultive aux Canaries, dans l'Inde, en Espagne et en Algérie. Les principes sur lesquels repose sa préparation sont assez variables ; aussi, quoiqu'elle ait été formulée dans plusieurs recettes, il en est peu qui soient suffisantes pour assurer ce travail délicat.

Le carmin s'obtient en réduisant en poudre 60 gr. de cochenille, qu'on fait bouillir avec 24 kilogr. d'eau de rivière et 3 grammes d'alun dans une chaudière de cuivre étamé. Cette liqueur est filtrée, puis on la traite par le chlorure d'étain qu'on verse goutte à goutte en remuant le fond ; on laisse reposer et, au bout de quelques jours, on décante et l'on fait sécher le carmin qui s'est déposé au fond du vase.

On trouve dans le commerce trois espèces de carmin qui ont des valeurs différentes. Les dernières qualités sont souvent falsifiées par du vermillon (sulfure de mercure) ou de la laque carminée (combinaison de carmin avec l'alumine). Dans le premier cas, la nuance n'a pas le même éclat ; dans le second, elle est plus pâle. On peut alors aisément reconnaître la fraude, en faisant digérer le carmin dans de l'ammoniaque caustique. Le carmin pur est dissous ; le vermillon et la laque carminée restent comme résidus.

Cinabre (bisulfure de mercure), cinabre de chrome, vermillons anglais, allemand, français.

— On trouve le cinabre dans la nature et notamment en grande quantité à Almaden et à Idria, où il forme le principal minerai du mercure. Les échantillons massifs très purs de cinabre naturel sont d'un violet foncé par la pulvérisation. On fabrique aussi artificiellement une belle couleur rouge de sang qui, lorsqu'elle est en masse cristalline, porte le nom de *cinabre* et celui de *vermillon* lorsqu'elle est en poudre. Les sulfures rouges de mercure se rencontrent dans toutes les mines de mercure. Ils sont tous employés dans les arts, mais la plus grande partie du cinabre consommé par les peintres vernisseurs est un produit artificiel obtenu, soit par voie sèche, soit par voie humide.

Parmi les plus beaux vermillons obtenus par voie sèche, nous citerons le vermillon de Hollande, qui se prépare en broyant immédiatement ensemble une partie de soufre et 2 kilogr. de mercure, et en ajoutant par 100 kilogr. de ce mélange 2 kilogr. 5 de plomb en grenaille ou de minium. On introduit dans chacun des pots à sublimation portés au rouge, 100 kilogr. de matière, et l'on procède ensuite à la sublimation. L'opération étant terminée, on laisse refroidir les pots pendant dix-huit à vingt heures, on les casse et l'on broie le cinabre au moulin. Le plomb qui s'est sulfuré reste au fond des vases.

Ainsi que nous l'avons dit, on peut aussi obtenir le vermillon par voie humide. Entre tous les procédés employés, nous citerons celui-ci, qui repose sur l'emploi du sulfhydrate d'ammoniaque ; ce vermillon est très beau. On introduit dans une bouteille de grès de un litre et demi environ, 200 grammes de fleur de soufre, 400 centimètres cubes de sulfhydrate d'ammoniaque à 1,034 de densité, et 1000 grammes de mercure. On bouche hermétiquement avec une ligature, on agite le mélange pendant sept heures et on l'abandonne à lui-même trois ou quatre jours à la température de 50° C. On débouche, on lave à l'eau chaude pour retirer la masse pâteuse, qu'on continue à laver de même jusqu'à épuisement du sel ammoniacal. Le vermillon séché n'a plus besoin que d'être pulvérisé. Toutefois, il est avantageux de le traiter auparavant à l'acide nitrique pour en augmenter la fixité, puis de le laver de nouveau jusqu'à épuisement d'acidité.

Le commerce falsifie souvent le vermillon ; pour s'assurer de sa pureté, on peut en chauffer en vase clos une petite partie. Le vermillon se volatilise entièrement, et l'on trouve au fond du vase la brique pilée, le minium, l'ocre rouge, le sang-de-dragon, le colcotar, qui ont servi à l'allonger. En le traitant à chaud par l'acide nitrique, il passe au brun s'il renferme du minium ou de la mine rouge, et, en le projetant sur des charbons ardents, il dégage une odeur d'ail s'il a été falsifié avec du réalgar.

Toutes ces couleurs provenant de sels de mercure sont naturellement très vénéneuses.

Ocre rouge et dérivés divers. — Ce que nous avons dit au sujet des ocres jaunes est applicable aux ocres rouges, qui ne diffèrent des premières que par le mélange de l'oxyde de fer qui en est la base, et qui prennent les teintes les plus variées sous l'influence de la température.

à laquelle on les soumet. Traité par le sulfate de protoxyde de fer, cet oxyde est tantôt rouge orangé, tantôt rouge sanguin, tantôt, enfin, rouge chair, rouge laqueux et rouge carminé, suivant qu'on l'a porté successivement à des températures plus ou moins intenses. C'est ainsi qu'on obtient les *terres rouges d'Italie*, le *rouge de Prusse*, etc... C'est de là que dérivent l'*oxyde de fer*, les *ocres rouges lavées* et *non lavées*, l'*ocre sanguine*, le *rouge de Sienne*, le *rouge d'Angleterre*. Plusieurs de ces couleurs méritent, cependant, d'être traitées d'une manière toute spéciale.

Rouge d'Angleterre. — Cette couleur se trouve dans la nature. Entre autres moyens de préparation, nous indiquerons le suivant. On mélange une solution de sulfate de protoxyde de fer à une solution de carbonate, ou mieux de bicarbonate de soude. Il se forme du sulfate de soude et du carbonate de protoxyde de fer qui, en se décomposant à l'air, laisse du sesquioxyde de fer hydraté qui est lavé, séché, et, enfin, porté au rouge dans des creusets en terre.

On constate la présence de la brique, qu'on mélange parfois à cette couleur, en la traitant par l'éther qui la dissout et qui n'attaque pas la brique. On l'emploie beaucoup pour le vernissage, en la mélangeant avec du noir de fumée, ce qui produit de beaux bruns. C'est une couleur solide qu'on emploie à l'huile.

Rouge indien. — Ce rouge, dont l'éclat est presque égal à celui du carmin, s'obtient du bois de santal. On prend pour le préparer du bois de santal rouge et on l'épuise complètement par l'alcool. Dans cette solution, on verse de l'oxyde de plomb hydraté, et l'on recueille sur un filtre le précipité qui s'est formé ; on le lave avec de l'alcool et on le fait sécher. On le dissout ensuite dans l'acide acétique et l'on étend cette dissolution avec un excès d'eau. La matière colorante, qui est insoluble dans ce liquide, se précipite, tandis que l'acétate de plomb reste en solution. On lave alors avec soin le précipité et on le fait sécher à une douce température.

Minium. — C'est une poudre lourde d'un rouge orangé très éclatant obtenu par la combinaison de deux parties de protoxyde de plomb et d'une partie de bioxyde, qu'on prépare en pulvérisant le massicot et en le chauffant au rouge dans un four à réverbère. En chauffant à deux ou trois reprises différentes, on obtient des miniums.

Rouge de saturne. — Couleur d'un rouge peu vif, obtenue par des procédés analogues à ceux qui produisent le minium et possédant des teintes rouges très riches. On l'applique à l'huile.

Rouge de chrome ou chromate de mercure. — On le prépare par l'ébullition de l'oxyde rouge de mercure dans une solution concentrée de bichromate de potasse. Le précipité qui se forme est séparé par décantation, lavé à chaud à plusieurs eaux et séché dans un lieu obscur. Quand il est bien réussi, il a une belle teinte rouge violacée ; mais il a l'inconvénient d'être décomposé par la lumière. Il s'emploie à l'huile.

MÉLANGES : *Rouge rosé.* — Mélange de laque carminée et de blanc fixe.

Rouge chair. — Cinabre, blanc fixe, pointe de jaune de Naples.

Violet. — Laque carminée, blanc et bleu.

Terres et couleur brunes

Brun-rouge. — C'est une matière rougeâtre, assez belle, très solide, qu'on obtient en chauffant, dans un creuset en terre jusqu'à fusion, une partie de rouge de fer et dix parties de litharge ou minium qu'on a mélangés très intimement. On laisse refroidir et l'on pulvérise.

Le *brun Van-Dyck* est une couleur assez importante dans le vernissage ; elle provient du fer, s'emploie principalement à l'huile et est fort solide.

Pour la préparer, on calcine à plusieurs reprises certaines ocres jaunes qu'on trouve dans le Midi de la France et l'on forme une sorte de fritte qu'on vend en morceaux.

On l'obtient aussi en soumettant du sulfate de fer à plusieurs calcinations. La teinte dépend d'un tour de main connu seulement des fabricants. On conçoit que ce dernier brun, qui ne renferme que de l'oxyde de fer, est beaucoup plus pur et d'une nuance plus franche que le précédent, et comme il est d'un prix plus élevé, on le mélange souvent au brun fritté, fraude qu'il est facile de reconnaître au moyen des acides concentrés et bouillants qui dissolvent aisément le brun à l'oxyde pur de fer et, avec difficulté, le brun d'ocre.

Si l'on mélange du brun de Van-Dyck avec des proportions variables d'ocre rouge et de bioxyde de manganèse, on obtient des bruns d'une très grande solidité et qui n'exigent pas l'emploi de siccatifs quand on s'en sert à chaud.

En mélangeant cette couleur avec le noir de fumée et le noir d'ivoire, on obtient aussi des tons bruns très solides.

Terre de Cassel, terre de Cologne, lignite terreux. — La terre de Cologne est une matière terreuse brune, s'allumant avec facilité et brûlant sans flamme, comme le bois pourri, et sans fumée, produisant des cendres blanches ou rouges, c'est-à-dire qu'elle a tous les caractères des matières organiques. On la trouve aux environs de Cologne, principalement à Brül et à Liblar, où elle forme des dépôts considérables qui ont jusqu'à 12 mètres d'épaisseur et plusieurs kilomètres d'étendue.

Cette terre friable, douce au toucher, à grains fins, aussi légère que l'eau, est d'un noir brunâtre. On la délaie dans l'eau pour la débarrasser des matières étrangères, puis on la moule en gros trochisques qui donnent, en détrempe et à l'huile, une belle couleur brune très solide.

Terre d'ombre naturelle calcinée ou *de Hollande.* — On tirait autrefois cette couleur de l'Ombrie, province italienne, d'où lui vient son nom ; mais on la fait venir aujourd'hui de l'île de Chypre. C'est un silicate de fer et de manganèse hydraté qu'on rencontre dans la nature. La terre d'ombre arrive en morceaux bruns, happant à la langue, qui tachent les doigts et se délitent aisément dans l'eau. On la débarrasse des matières étrangères qu'elle renferme par des lavages qui fournissent alors une poudre légère d'une belle teinte brune, qu'on emploie à l'état naturel ou après l'avoir calcinée.

La terre d'ombre en poudre, ou celle qui a éprouvé une trop forte calcination, rougit et noircit par la déshydratation du fer et la suroxydation du manganèse. On l'emploie rarement seule ; elle s'associe très bien à d'autres couleurs ou à la chaux éteinte.

Terre de Sienne naturelle calcinée. — C'est une matière terreuse qu'on tire de Sienne, en Toscane, et qui doit également sa couleur à de l'oxyde de fer hydraté qu'on emploie à l'état naturel ou à l'état brûlé.

La terre de Sienne, à l'état naturel, est jaune foncé à l'extérieur et jaune clair à l'intérieur et affecte, à l'état de poudre, une couleur jaune verdâtre. Cette terre brûlée ou calcinée est, en morceaux, rouge foncé ou rouge clair, et en poudre, rouge foncé.

MÉLANGES : *Brun.* — Mélange de laque carminée, de jaune de chrome et de noir d'os, ou bien de cinabre, d'ocre jaune et de noir de fumée, ou encore de rouge anglais, d'ocre d'or et de noir de fumée.

Brun éclatant. — Terre d'ombre, laque carminée et cinabre.

Brun de Van-Dyck. — Noir d'ivoire ou noir de fumée et Japon anglais.

Brun carmélite. — Brun de Van-Dyck et noir de fumée, auquel on donne un ton plus coloré par l'adjonction du vernis.

Couleurs vertes

Vert ou *terre de Vérone*, ou *vert de pierre*, ou simplement *terre verte*. — C'est une même couleur sous des noms différents, qui est extraite de masses terreuses que l'on trouve près de Vérone (Italie) et aussi en France, en Allemagne, en Hongrie, dans l'île de Chypre ; elles sont renfermées dans des roches amygdaloïdes, des porphyres, des basaltes, qui ont une couleur vert céladon quand on les observe en masse, et vert clair quand on les réduit en poudre ; elles sont douces au toucher, comme toutes les terres magnésiennes, et à odeur d'argile. C'est un protoxyde siliceux de fer avec addition d'alumine, de magnésie et de soude, obtenu par un lavage.

C'est une couleur très employée, en raison de sa solidité ; on la prépare à l'huile.

Vert de Scheele ou *vert de Suède*. — Notre but étant plutôt de faire connaître la composition des couleurs que les procédés de fabrication, nous indiquerons comment on obtient le vert du savant suédois par des procédés plus simples que ceux qu'il employait lui-même. C'est un arséniate de cuivre soluble qu'on obtient en faisant dissoudre dans l'eau chaude l'acide arsénieux d'une part, et de l'autre, le sulfate de cuivre, puis en précipitant par la solution de carbonate de potasse qu'on ajoute peu à peu et en agitant continuellement jusqu'à ce que la couleur arrive à son plus grand éclat.

Vert anglais. — On en trouve des variétés infinies dans le commerce. C'est un vert de Scheele auquel on mélange, pendant qu'il est en pâte, du sulfate de baryte, ou du sulfate de chaux, délayés dans une petite quantité d'eau. Sa nuance varie depuis le vert pomme jusqu'à la nuance feuille morte. On l'emploie à l'huile et à l'eau, mais généralement seul, parce qu'il altère les autres couleurs.

Vert minéral. — Il est assez employé à cause de son prix peu élevé, bien qu'il couvre mal. C'est un mélange d'oxyde de cuivre hydraté avec une proportion plus ou moins grande d'arsénite de cuivre. On le prépare en dissolvant dans l'eau du sulfate de cuivre et 12 à 15 0 /0 d'arsenic blanc, et en précipitant par une solution de potasse caustique.

Vert mitis ou *vert de Vienne.* — C'est un arséniate de cuivre qu'on prépare en faisant dissoudre à chaud vingt parties d'arséniate dans cent parties d'eau, et en mélangeant à cette solution une solution de vingt parties de sulfate de cuivre. Il se forme un précipité pulvérulent vert clair et vert pré qu'on lave et qu'on fait sécher. On obtient ainsi des verts clairs très employés dans l'art du vernisseur.

Vert de Schweinfurth. — C'est une combinaison d'acétate d'arsenic et de cuivre, dont la nuance peut varier depuis le vert foncé jusqu'au vert pâle, et qui constitue une couleur précieuse pour la fabrication des papiers peints et pour le vernissage.

Vert milori. — Il se trouve dans le commerce sous la forme de trochisques, s'allie bien avec les autres couleurs et s'emploie dans la peinture à l'huile. On l'obtient en mélangeant ensemble, dans certaines proportions, du cyanoferrure de potassium, du sulfate de fer, de l'acétate de plomb, du chromate de potasse et du sulfate de baryte.

Vert de chrome ou *cinabre vert.* — C'est un mélange d'une couleur verte mélangée de jaune de chrome avec le bleu de Paris, qui varie de ton depuis le vert foncé jusqu'au vert clair.

On prépare, d'un côté, une solution de chromate jaune de potasse et une solution de cyanure jaune de potassium qu'on mélange ensemble ; d'un autre côté, on prépare aussi une solution d'acétate neutre de plomb et une solution de proto-acétate de fer. C'est la solution qu'on emploie à la précipitation. Les tons foncés ou clairs s'obtiennent en faisant dominer le sel de plomb ou le chromate de potasse.

Vert de Brême ou *bleu de Brême, vert bleuâtre.* — C'est un hydrate d'oxyde de cuivre, plus ou moins pur, préparé en précipitant une solution aqueuse de sulfate de cuivre par une solution de potasse caustique renfermant du carbonate de potasse. Ce précipité est mélangé à du sulfate de chaux et livré dans le commerce sous la forme de petits morceaux couleur vert bleu. Employée à l'huile siccative, cette couleur donne des enduits verts ; on obtient des enduits bleus avec la colle animale.

Vert de Paul Veronèse. — Tout ce que nous dirons au sujet de cette belle et solide couleur, c'est que c'est un arsénite ou arséniate de cuivre, qu'on tire d'Alsace ou d'Angleterre, qui est d'un prix élevé et qui s'emploie dans la peinture à l'huile.

Vert-de-gris. — Il se fabrique en France, dans les départements de l'Aude et de l'Hérault, en oxydant des lames de cuivre de 2 à 3 millimètres, battues et chauffées à 80° C., au moyen de l'oxygène de l'air et sous l'influence des vapeurs de l'acide acétique fourni par le marc du raisin auquel on fait subir une fermentation acétique, et dans lequel on les plonge. Au bout d'un certain temps, on enlève ces lames du marc, on les expose à l'air et on les chauffe à 30° C. ; on les trempe dans l'eau froide et on les remet dans le marc. Quand on a répété cette opération 5 ou 6 fois, le vert-de-gris, qui a acquis une épaisseur de 2 à 3 millimètres, est râclé, pétri dans des auges et exposé au soleil pour être séché. Cette couleur est excessivement vénéneuse et peu solide, elle sert peu dans l'art du vernisseur.

Vert-de-gris distillé ou cristallisé ou *verdet, acétate neutre de cuivre.* — On le prépare en faisant dissoudre le vert-de-gris dans le vinaigre, en filtrant cette dissolution et en faisant cristalliser.

On l'obtient encore en précipitant une dissolution de 100 kilog. d'acétate de chaux par une solution de 140 kilog. de sulfate de cuivre ; les deux sels se décomposent : il en résulte du sulfate de chaux insoluble et de l'acétate de cuivre soluble ; quand la liqueur est décantée, on la fait évaporer pour la faire cristalliser.

Ce sel est d'une belle couleur, il est très soluble dans l'eau et dans l'alcool ; il cristallise en rhombes très réguliers, d'une superbe couleur verte très foncée, qui tire sur le noir. La chaleur le décompose ; il se dégage de l'acide acétique coloré par un peu d'oxyde qu'il entraîne. On l'emploie dans le vernissage comme azurage sur l'or et l'argent.

Outremer vert. — Comme l'outremer bleu, il est composé de soufre, de silice, d'alumine, de soude avec des traces de fer et de chaux ; la différence paraît surtout devoir se rapporter à la plus forte dose de soufre que l'on trouve dans l'outremer vert. C'est une couleur vive et brillante, mais les acides les plus faibles le blanchissent en dégageant de l'acide sulfhydrique. Mélangé à d'autres couleurs ou délayé avec des vernis, de la gomme ou de l'huile, il s'altère dès que ces substances sont acides ou sont susceptibles de développer un acide.

Vert bleu de montagne ou *vert de Braunschweig*. — Pour l'obtenir, on précipite une solution de sulfate de cuivre par une solution aqueuse de sulfate de potasse et on ajoute au précipité du sulfate de chaux après l'avoir lavé à l'eau chaude. Ce produit est employé à l'huile et à la détrempe par les vernisseurs.

MÉLANGES : *Vert gazon*. — Mélange de cinabre vert, bleu de Paris, jaune de chrome.

Vert de mer. — Céruse, bleu de Paris, jaune de chrome.

Vert impérial. — Vert émeraude et noir d'ivoire.

Vert d'eau. — Vert métis très clair et céruse.

Vert d'olive. — Jaune, indigo et blanc.

Vert bronze. — Jaune, bleu de Paris et noir.

Laques

On désigne d'une façon générale sous le nom de *laques*, toutes les couleurs formées par la combinaison d'une matière colorante avec une base qui est ordinairement l'alumine. Pendant longtemps, les laques n'ont été fabriquées qu'avec des matières colorantes d'origine organique ; mais aujourd'hui, les matières colorantes d'origine métallique entrent également dans la combinaison des laques et cette distinction n'est plus à établir. On les prépare de deux manières principales ; soit en mélangeant la dissolution ou la décoction de la matière colorante avec une dissolution d'alun et en ajoutant du carbonate de soude qui décompose l'alun et donne lieu à un précipité d'alumine qui entraîne avec elle la matière colorante ; soit, lorsque la matière colorante est susceptible de s'altérer par l'action des alcalis, en agitant la décoction avec de l'alumine en gelée, qui détermine la précipitation.

L'aluminate de soude permet également de préparer avec avantage les laques organiques, dont l'emploi est très répandu dans l'industrie de l'impression.

Laque carminée. — On la prépare avec les liqueurs qui ont servi à la préparation du carmin et qui renferment encore beaucoup de principe colorant. Pour cela, on y verse une dissolution d'alun ou l'on y délaie une certaine quantité d'alumine, et l'on avive avec un peu de proto-chlorure d'étain. Le précipité est lavé et séché.

Mais la laque la plus belle est celle qui est obtenue avec la cochenille qui n'a pas encore servi. On fait bouillir 20 parties de cochenille en poudre avec 400 parties d'eau où l'on fait dissoudre 10 litres de crème de tartre ; on filtre, et l'on verse dans la liqueur une solution de 300 parties d'alun et une petite quantité de perchlorure d'étain. On recueille le précipité, qui a un grand éclat, et l'on y verse peu à peu une solution de carbonate de potasse, en agitant sans cesse. On décante et l'on fait sécher.

Cette couleur ne laisse aucun résidu dans l'ammoniaque liquide, qui la dissout complètement.

Laque brune. — On traite d'abord les rameaux de la bourgène ou bourdaine, nom vulgaire d'une espèce de nerprun, et ceux de nerprun cathartique par du sulfure de carbone où on les laisse pendant trois ou quatre jours ; on obtient un liquide couleur jaune d'or, qui, évaporé, laisse un résidu jaune ; l'alcool extrait de ce résidu abandonne une matière grasse de couleur brune. En ajoutant du protochlorure d'étain à la première décoction obtenue par la macération des rameaux dans l'eau, et en précipitant par le carbonate d'ammoniaque, on obtient une laque jaune-brun, que l'acide sulfurique convertit en laque chocolat.

Avec la magnésie, le chlorure d'étain, ainsi qu'avec l'oxyde de zinc, l'alumine et l'oxyde de plomb, on peut former, avec la rhamnoxantine, une foule de laques brunes, rouges, jaunes, de tons très variés.

Laque jaune, laque capucine. — On obtient des laques jaunes par une poudre de couleur fauve qui provient de l'écorce d'un chêne d'Amérique, qu'on appelle quercitron, et par la gaude. La première étant loin d'égaler celle-ci en solidité et en beauté, nous ne nous occuperons que de la deuxième.

La gaude (*reseda luteola*) est une plante dont les feuilles, les tiges et les semences contiennent plusieurs principes colorants. Elle est cultivée pour la teinture jaune, pure et solide qu'on en extrait. L'illustre savant français Chevreul a isolé le principe colorant de cette plante, auquel il a donné le nom de *lutéoline*. Cette matière est jaune, brillante, peu susceptible de s'altérer au contact de l'air et de l'humidité, soluble dans l'eau ; elle prend, sous l'influence de la potasse, de la soude, de l'ammoniaque, de la chaux et de la baryte, une belle couleur jaune foncé. On prépare avec la gaude une laque qui est une combinaison de lutéoline avec l'alumine ou de lutéoline de chaux.

Si, à la laque jaune, on ajoute un peu de garance, on obtient la *laque capucine*.

Laque anglaise. — La fabrication de cette laque est basée sur ce que les sels d'antimoine, et de préférence le chlorure, précipitent la matière colorante que renferment certaines teintures, tels que les bois de sappar, le campêche, la cochenille, le quercitron, etc., afin d'en obtenir les couleurs de laques. On procède de la manière suivante :

On mélange 100 litres d'une décoction bien mûrie de bois de sappan ou de Lima à 5 litres de chlorure d'antimoine. Le tout est agité avec soin et abandonné au repos pendant quelques heures, puis jeté sur un filtre ; on ajoute 20 litres d'eau pour laver le précipité et l'on renouvelle ce lavage une seconde fois. Lorsque le précipité est égoutté, la laque est obtenue ; elle peut être séchée et préparée à l'eau où à l'huile.

Les proportions indiquées ci-dessus peuvent varier suivant l'intensité de ton qu'on se propose de donner à la couleur. Si l'on emploie une plus grande proportion de chlorure d'antimoine, cette couleur prend un ton plus cramoisi ; et si l'on augmente la décoction du bois de sappan, elle se rapproche davantage de l'écarlate.

Des couleurs positives composées

Les couleurs composées sont celles où l'on a marié deux couleurs différentes naturelles et qui peuvent remplacer les naturelles primitives ; nous citerons les exemples suivants :

Le jaune et le bleu donnent le vert.

Le rouge et le noir donnent le brun.

Le jaune et le rouge donnent l'orange (effet du cadmium).

Le blanc et le bleu d'outremer donnent l'effet du cobalt.

Le minium et le carmin donnent l'effet du vermillon.

Nous ferons bien remarquer que pour faire ces différentes compositions, il faut savoir mettre une juste mesure, et que, malgré toute la justesse du sens de la vue, on ne parvient pas d'une manière absolue à reproduire par les compositions les couleurs naturelles ; par contre, elles présentent sur ces dernières l'avantage de donner des tons que l'on peut varier à l'infini. Comme ces compositions peuvent servir en certains cas, nous les mentionnons ici comme utiles dans des travaux courants, en abrégeant la peine de l'ouvrier, qui serait obligé de préparer des couleurs naturelles de la teinte voulue.

Des teintes et des demi-teintes

Les teintes et les demi-teintes sont des mélanges de couleurs différentes, qui n'ont plus de rapport avec les couleurs primitives. Nous présenterons ici quelques notions à ce sujet.

Le blanc et le noir font le gris dans toute la gamme, c'est-à-dire du gris clair au gris foncé. Mais, supposons que nous y ajoutions un peu de rouge ou de brun, nous obtiendrions un gris-brun, ou demi-teinte pour une couleur qui était en premier lieu, par la réunion du blanc et du noir, une teinte simple. Ainsi, toutes les fois qu'il y aura plus de deux couleurs différentes, ce sera une demi-teinte.

Il en est de même pour toutes les couleurs. Donc, le lecteur comprendra qu'il est inutile de décrire toutes les compositions que l'on obtient en mêlant une couleur à une autre, d'autant plus que chacun compose pour son œil et d'après son goût.

Les couleurs qui ne se broient que difficilement à l'huile, sont d'abord broyées à l'eau ; on les laisse parfaitement sécher et l'on en fait ensuite le broyage à l'huile.

Les couleurs blanches étant de nuances très délicates, sont facilement ternies par le contact des autres couleurs. Lorsqu'on veut les broyer, il est nécessaire d'avoir des marbres et des molettes qui leur soient spécialement destinés, ou au moins de nettoyer ces objets avec le plus grand soin, à l'essence de térébenthine. Si l'on ne prenait pas ces précautions indispensables et faciles, on s'exposerait à gâter les couleurs et à les mettre hors d'usage pour des travaux soignés.

III. BROYAGE DES COULEURS

Les couleurs ont besoin de subir une opération que l'on appelle broyage ; ce mot signifie écraser et mélanger les couleurs à un corps gras pour pouvoir en faire usage.

Pour ce travail, on se sert des objets suivants :

Une platine de marbre, de verre, de pierre ou tout autre corps dur.

Une molette de même substance que la platine.

Une spatule en corne, en acier ou en bois.

La platine doit avoir 50 à 60 centimètres carrés et 3 à 4 centimètres d'épaisseur.

La molette doit être ronde, et avoir à sa partie inférieure un diamètre de 7 à 8 centimètres environ, et 15 à 16 centimètres de hauteur, qui viendra se perdre insensiblement en forme de pyramide vers sa partie supérieure ; elle sert à broyer les couleurs.

La spatule, de 16 à 18 centimètres de longueur, doit être mince vers son extrémité et plus forte vers le manche, afin qu'elle soit flexible du bout ; elle sert à ramasser la couleur sur la platine et à la remettre sous la molette.

Broyage des positives

Les positives sont marquées dans la nomenclature, page 12, par la lettre P, et les négatives par N, et toutes ces couleurs doivent être réduites en poudre aussi fine que possible.

On prend une des positives, on la place au centre de la platine ; on fait un mélange de deux parties, moitié d'huile de lin cuite et moitié d'essence de térébenthine ; on verse graduellement de ce mélange sur la couleur, afin d'en faire une pâtée très épaisse, et, avec la molette, on imprime un mouvement circulaire sur la platine, de manière à ce que, sous l'action de la molette, la couleur soit bien écrasée, mise en une couche excessivement mince et intimement mélangée au liquide gras. Lorsqu'on juge qu'elle est suffisamment broyée, on la ramasse avec la spatule et on la dépose dans un vase bien propre. On met ensuite à la surface, 3 à 4 centimètres d'eau fraîche ; elle est alors en état de conservation, mais elle n'est pas encore propre à l'usage.

Broyage des négatives

On prend une des négatives, que l'on met de même que les positives sur la platine, puis on la broie avec de l'essence de térébenthine pure. On la dépose ensuite dans un vase et l'on verse sur sa surface de l'essence au lieu d'eau, pour la conserver. Elle n'est pas propre à l'usage en cet état.

Nous ferons remarquer que les positives ainsi que les négatives doivent être broyées très épaisses dans leurs premiers liquides. Nous allons décrire ci-après les corps gras employés pour les rendre applicables.

IV. AGENTS QUI RENDENT LES COULEURS APPLICABLES

Toutes les couleurs dont nous venons de faire la nomenclature, étant en poudre ou en pierres, on les broie avec différents liquides qui sont :

Essence de térébenthine ;

Essence minérale, qu'on remplace aujourd'hui par une essence légère de pétrole appelée white spirit (de l'anglais *esprit blanc*) ;

Huile de lin ;

Huile de lin cuite ;

Vernis au copal ;

Vernis au copal blanc.

Essence de térébenthine. — La térébenthine est un liquide brun très visqueux qui suinte par des incisions faites au *pin maritime* dans certaines conditions spéciales. On la purifie en la filtrant sur du même bois, puis en la faisant passer lentement à travers les ais mal joints d'un tonneau, et, enfin, on la distille. Par cette opération la térébenthine se sépare en deux parties : l'une, solide et inodore, c'est la *colophane* ; l'autre, liquide et odorante, c'est l'*essence de térébenthine*.

Cette dernière est un liquide incolore, très fluide, d'une saveur âcre et brûlante ; elle brûle avec une flamme très fuligineuse, et est employée dans le broyage des couleurs et la confection des vernis. Pour être bonne, l'essence de térébenthine doit être récemment distillée, quelques gouttes versées sur du papier doivent s'évaporer rapidement sans laisser de trace grasse. L'essence vieille est visqueuse et colorée en jaune, il faut la rejeter dans le broyage des couleurs.

L'*essence minérale* est un liquide incolore obtenu par la distillation du pétrole dont il rappelle l'odeur. Le white spirit a la même origine, mais c'est une essence plus légère et plus volatile que la première.

Huile de lin. — Elle est très siccative ; on l'obtient par expression de la graine de lin ; elle est toujours plus ou moins colorée, d'une odeur piquante et d'une saveur désagréable. On augmente sa propriété siccative en la faisant bouillir avec de la litharge, c'est alors l'*huile de lin cuite.* Cette huile est un ingrédient des vernis gras et de l'encre des imprimeurs.

Vernis au copal. — Le copal est une résine qui découle d'un arbre qu'on rencontre aux Indes-Orientales, au Brésil et au Mexique. On trouve cette résine dans le commerce, en morceaux gros comme des noix ; ils sont transparents, durs, d'une belle couleur topaze. Sa dissolution est favorisée par son contact préalable avec l'ammoniaque et par l'addition d'un peu de camphre. Les huiles essentielles la dissolvent en petite quantité ; l'essence de térébenthine et celle de romarin en dissolvent seules une assez grande proportion ; c'est ainsi qu'on obtient le vernis copal ou vernis au copal, qui sert aussi à la préparation des meilleurs vernis siccatifs.

Voici la gamme des vernis au copal :

Vernis copal à teinte. — Il sert à délayer les couleurs et à les rendre positives.

Vernis copal à teinte n° 1. — Liquide fixateur pour les teintes, faux bois et autres peintures simples.

Vernis copal à polir les objets décorés d'ornements, dorés, argentés ou autres.

Vernis copal extra-fin pour les fonds clairs que l'on veut polir.

Vernis copal Cobourg pour les fonds blancs.

Les meilleurs vernis venaient autrefois d'Angleterre, mais aujourd'hui les fabricants français en préparent qui peuvent rivaliser avec n'importe quelle marque étrangère. On reconnaît que des vernis sont bons à leur finesse, à leur transparence et à leur solidité ; ils sont généralement employés dans la peinture sur métaux.

CHAPITRE III

Dérochage, Ponçage, Polissage et Travail préparatoire

—

SOMMAIRE. — I. Dérochage. — II. Ponçage. III. Des mastics. — IV. Des fonds. — V. Polissage.

Avant de passer à la manière de produire les couleurs, les différentes imitations des bois, et enfin tout ce qui concerne la peinture, nous traiterons des opérations multiples que comporte le travail d'une manière générale, afin de mieux faire comprendre l'emploi des couleurs et de pouvoir passer immédiatement aux manipulations qui en sont l'application, sans revenir sur les détails de métier qui obligeraient à des redites et entraveraient la description des opérations.

Nous croyons utile de rappeler encore les recommandations que nous avons faites, en parlant de l'atelier, au sujet de l'extrême propreté qui doit être observée dans toutes les manipulations. Tous les objets sur lesquels on doit appliquer les couleurs ou les vernis, doivent d'abord être dégagés des matières étrangères, poncés, polis et enfin parfaitement secs. Ces soins préliminaires sont l'objet d'opérations que nous allons décrire.

I. DÉROCHAGE

Dérochage par voie humide

Lorsque l'objet est en tôle brute et qu'il est trop rouillé pour être déroché par voie sèche, on adoptera le procédé par voie humide, et l'on opérera de la manière suivante.

On mélange deux dixièmes d'acide sulfurique à la quantité d'eau nécessaire pour recouvrir l'objet de quelques centimètres. On met ce mélange dans une cuve en plomb ou en bois de chêne, et on y laisse séjourner l'objet pendant quelques heures ; après quoi, on le retire et on le frotte vigoureusement avec une brosse de chiendent et du sable fin. Cela fait, on le plonge dans l'eau bouillante, où on le laisse pendant un quart d'heure pour enlever complètement les traces d'acide qui, sans cette précaution, pourraient de nouveau recouvrir l'objet de rouille, puis on le lave à plusieurs eaux fraîches et on met sécher à l'étuve. Sans perdre de temps, on donne une couche de positive à laquelle on a mélangé beaucoup d'huile de lin cuite ; après quoi on peut peindre l'objet comme bon semblera, en employant l'un ou l'autre des procédés décrits dans ce Manuel.

Quand il s'agit du cuivre à traiter par voie humide, l'objet fait en ce métal doit être trempé en partie ou en entier dans de l'acide nitrique, et après lavage à grande eau, il sera séché à la sciure de bois dans une étuve.

Le zinc se déroche en le trempant dans une quantité d'eau suffisante pour recouvrir l'objet en entier, eau à laquelle on ajoute un dixième d'acide sulfurique. On fait bouillir à l'eau chaude, puis on met sécher à l'étuve, et, immédiatement après le séchage, on donne une couche de positive.

Tel a été le procédé que nous avons souvent employé pour préparer le zinc à recevoir une ou plusieurs couches. Nous mentionnerons ici, comme très utile, un procédé découvert par Böttger, chimiste allemand, pour empêcher le zinc de s'oxyder sous la peinture, difficulté que l'on n'avait pas encore vaincue jusqu'à lui.

Le zinc est d'abord décapé avec du sable fin, puis plongé dans un bain ainsi composé :

Eau distillée	64 parties.
Azotate de cuivre	2 —
Chlorure de cuivre cristallisé	3 —
Acide chlorhydrique	8 —

Après l'immersion, le zinc est lavé à l'eau et séché rapidement. Le métal est ainsi recouvert d'un enduit noir très adhérent, sur lequel les peintures au four prennent une grande solidité.

Dérochage par voie sèche

Lorsque la surface n'est pas trop rouillée ou oxydée, on déroche par voie sèche, opération qui consiste à frotter vigoureusement avec de la pierre ponce ou du papier de verre. Ce mode de dérochage est préférable au précédent, quoiqu'il emploie un peu plus de temps, par cette raison qu'il n'entre pas d'acide dans l'opération.

Depuis quelques années on préconise beaucoup le dérochage au sable fin envoyé sous pression sur l'objet à traiter. Ce mode de dérochage trouve surtout son application sur les grandes pièces métalliques, avant de les recouvrir de peinture.

Au moyen de ces procédés, on peut dérocher le fer, le cuivre et le zinc.

Dérochage et décapage des objets destinés à être dorés ou argentés

Les objets qui sont destinés à être dorés ou argentés devront subir un décapage. Nous donnons ci-dessous quelques procédés.

Pour décaper où dérocher le fer, on mélange à deux parties d'acide sulfurique huit parties d'eau, on y laisse séjourner l'objet quelque temps, puis on frotte vigoureusement avec du sable fin, après quoi on frotte pendant quelques instants le fer avec une solution extrêmement faible de nitrate double d'argent et de mercure, à laquelle on ajoute quelques gouttes d'acide nitrique.

Pour composer cette solution, il suffit de faire dissoudre séparément 1 gramme de nitrate d'argent dans 60 grammes d'eau et 1 gramme de nitrate de mercure dans une égale quantité du même liquide. On mélange ensuite les deux solutions, auxquelles on ajoute 4 grammes d'acide nitrique à 40° de l'aréomètre de Baumé. Après que le fer est recouvert d'une légère couche blanche, c'est-à-dire d'une légère pellicule d'argent, on peut dorer ou argenter par lés procédés de dorure et d'argenture.

Décapage du cuivre

Le cuivre se décape en mélangeant moitié d'acide nitrique à une autre moitié d'eau ; on y laisse séjourner l'objet quatre à cinq secondes, puis on le frotte au sable fin, on lave ensuite à grande eau et l'on fait sécher à la sciure de bois ; après quoi on peut dorer ou argenter.

Le décapage du fer-blanc ne diffère en rien de celui du cuivre ; seulement, au lieu de l'acide nitrique employé pour ce dernier, on mélange moitié d'acide sulfurique.

II. PONÇAGE

Ponçage par voie sèche

Lorsque les objets ne sont pas de grande valeur, on peut les poncer par la voie sèche, en les frottant avec du papier de verre fin.

Ponçage par voie humide

On broie à l'eau, et excessivement fin, de la pierre ponce que l'on étend par portion sur un morceau de feutre, sur lequel on met aussi quelques prêles en travers ; l'appareil ainsi organisé se pose sur la surface, puis on imprime un mouvement régulier jusqu'à ce que les plus gros grains soient sortis de la peinture ; après quoi on se sert de pierre ponce broyée et étendue sur le feutre, mais sans prêles, pour en rendre la surface lisse. On lave ensuite avec une éponge et on essuie soigneusement avec une peau de chamois.

On doit imprimer à la ponce un mouvement tournant comme celui que l'on donne à la molette à broyer, afin d'éviter des stries.

Les précautions que l'on prend dans le ponçage doivent redoubler quand on veut traiter la dernière couche mise sur un objet ; il faut alors se servir de la prêle ou de la pierre ponce pilée, maniée en consistance de pâte ; on frotte avec précaution assez pour faire disparaître les aspérités, mais pas assez pour user la couleur, ce qui ferait reparaître les couches inférieures, et qui obligerait à appliquer une nouvelle couche.

III. DES MASTICS

Le mastic est une composition dont on se sert pour boucher les trous, dissimuler les inégalités ou les solutions de continuité et les fissures du bois.

Mastic de vitrier. — Le plus simple des mastics et le plus connu est le mastic des vitriers, qui est un mélange de blanc d'Espagne en poudre et d'huile de lin maniés ensemble jusqu'à mélange intime. Pour que ce mastic soit bon et adhère au bois, il faut rendre l'huile siccative en la faisant bouillir sur de la litharge, dont elle dissout une petite portion. Ce mastic a l'inconvénient de ne pas adhérer suffisamment ; on lui préfère l'un des trois que nous indiquons ci-après.

Mastic à la colle de poisson. — L'huile de lin est remplacée par de la colle de poisson que l'on dissout dans l'eau, dans laquelle on mélange du blanc d'Espagne en poudre jusqu'à consistance du mastic de vitrier.

Mastic à l'huile de lin. — Il est obtenu en broyant ensemble de la litharge, du minium, de la céruse, une terre quelconque et un peu de vernis au succin avec de l'huile de lin cuite, de manière à en faire une bouillie.

Mastic à la gélatine. — C'est le plus adhérent. On fait dissoudre dans 1 kilog. d'eau bouillante 130 grammes de colle forte, on y ajoute 200 grammes de farine de seigle et 10 grammes d'alun, on mélange le tout, puis on y ajoute de la sciure de bois finement tamisée, et l'on manie le tout jusqu'à consistance du mastic de vitrier.

Pour employer les mastics, on les place en boulettes sur les trous et on les enfonce profondément pour augmenter l'adhérence, ou, s'il s'agit d'une fissure ou gerçure, on l'applique fortement avec une spatule en bois ou un couteau à reboucher.

Il est prudent d'attendre que le mastic soit arrivé à parfaite siccité avant de le couvrir de couleur ; car il se produit souvent des bavures, qui doivent être préalablement enlevées avec des limes très fines et repassées ensuite au papier de verre pour achever de dissimuler la présence du mastic.

IV. DES FONDS

On entend par fond la première teinte colorée que l'on doit appliquer sur un objet destiné à être peint, car si l'on appliquait immédiatement la couleur destinée à le recouvrir définitivement, l'opération du ponçage, en enlevant les aspérités, ferait aussi disparaître certaines parties de teinte ; de plus, elle n'adhérerait pas suffisamment à l'objet et se gercerait. On applique donc une première couche que l'on donne à l'huile et que l'on recommence plusieurs fois, surtout sur les métaux, car, sur les bois, elle doit être peu épaisse. C'est sur ce fond que l'on applique la couleur que l'on veut donner à l'objet, en ayant soin toutefois de la donner dans le sens inverse de la première, c'est-à-dire en donnant les coups de pinceau en croix. Toutefois, si l'on veut reproduire un bois, les coups de pinceau doivent être donnés dans le même sens pour toutes les couches ; on prépare ainsi le mouvement des fibres du bois.

La pièce qui doit recevoir le fond avec une couleur à l'huile, doit être préalablement enduite d'une couche d'huile siccative, cuite, bien chaude ; puis on y applique une couche d'ocre et de céruse, ou l'on remplace l'ocre par une couleur en rapport avec la peinture. Ces couleurs doivent être broyées avec du vernis ou de l'huile siccative ; on polit ensuite avec la pierre ponce et à l'eau, quand la dessiccation est complète. La couleur définitive qu'on veut obtenir doit être broyée avec du vernis à l'huile de lin que l'on étend avec de l'essence de térébenthine jusqu'à consistance voulue, en y ajoutant du vernis au copal ou au karabé. On polit ensuite avec un feutre saupoudré de pierre ponce très finement broyée, puis l'on vernit.

Première couche sur un métal

Pour obtenir une solidité parfaite, il faut que la surface sur laquelle on se propose d'opéfer présente des conditions irréprochables, c'est-à-dire qu'on ne doit y voir aucune trace de rouille, de vert-de-gris ou toute autre substance rougeâtre, qui pourrait, dans la suite, détruire un travail pour lequel on aurait pris beaucoup de peine. Il faut, en conséquence, avoir recours à un dérochage, différent naturellement pour les divers métaux. Nous renverrons à ce sujet le lecteur au commencement de ce chapitre, où tous les procédés sont décrits en détail.

On prend donc une des positives, qui a été préalablement broyée et conservée dans un vase ; l'on en enlève, avec une cuillère destinée à cet usage, une certaine quantité que l'on met dans un vase bien propre, puis on ajoute une quantité suffisante de vernis au copal n⁰ 1, pour que la couleur devienne comme une pâte à beignets. Il n'est guère possible de donner des doses exactes sur le poids ou la quantité de vernis à employer, attendu que la proportion des vernis au copal se règle assez ordinairement d'après les variations atmosphériques. Si le temps est chaud, le vernis devient liquide ; s'il fait froid, il devient épais ou se fige en quelque sorte.

La couleur préparée doit présenter les conditions suivantes : elle ne doit être ni trop épaisse, ni trop liquide; l'un et l'autre cas empêcherait la réussite. Il faut donc savoir trouver un juste milieu : la couleur trop épaisse donnerait des croûtes (appelées coulasses en peinture), principalement pour des objets d'une forme haute (telle que celle d'une lampe à huile), la couleur trop fluide, au contraire, ne couvrirait plus. C'est donc le tâtonnement seul qui conduit à un travail irréprochable, dans la peinture comme dans plusieurs autres arts.

Toutes les positives peuvent être préparées, comme nous le disions à l'instant, et appliquées sur tous les métaux. Cependant, nous ferons remarquer qu'il doit entrer un peu plus d'huile de lin cuite dans les positives que l'on voudra employer pour le zinc que pour les autres métaux. L'expérience a souvent démontré que l'oxydation se développait insensiblement sous la couche de peinture, qui alors n'offrait plus d'adhérence, de sorte que le moindre frottement d'une substance dure suffisait pour mettre le zinc à nu, ce qui n'arrive pas aussi facilement pour les autres métaux, tels que le fer, l'acier, le cuivre, etc., qui sont infiniment plus durs.

Lorsqu'on veut peindre un objet, l'on prend une des positives et l'on trempe un blaireau proportionné à la grandeur de l'objet à recouvrir dans la couleur préparée. Il faut, pour peindre l'objet, croiser les coups de pinceau et étendre vigoureusement, ces deux opérations n'en faisant qu'une ; car il est nécessaire que le vernis copal mêlé à la couleur ait le temps de couler ou de s'étendre seul, et alors les coups de pinceau, que l'on voyait en premier lieu, s'effacent presque complètement ; par ce moyen, on obtient toujours une couche bien uniforme. Dans le cas contraire, si l'on traînait, on finirait par mettre la couleur en hauteur et l'on ne pourrait plus produire une peinture fine, lisse et unie. Ce sont surtout ces petites prescriptions qu'il faut tâcher d'observer, en se rendant bien compte des effets dans le cours des études, l'exactitude dans la peinture étant toujours la source d'une foule de bons procédés. Nous finirons en rappelant que toutes les positives sont préparées et appliquées dans les mêmes conditions pour les premières couches.

Pour couvrir une surface, il faut toujours deux couches ; après quoi, la pièce est portée dans une étuve dont nous avons donné précédemment la figure, et on l'y laisse séjourner au moins sept à huit heures à la chaleur de 35 à 40°. La couleur étant sèche, l'objet est retiré et l'on peut le laisser en cet état si l'on veut simplement le garantir contre l'oxydation.

Emploi de la colle forte

Il y a deux manières d'appliquer la dissolution de l'eau de colle selon la dimension des objets : si la pièce est grosse, elle se fait à chaud ; elle se fait au contraire à froid si l'objet n'est qu'une planchette de petite dimension.

Cette dissolution se prépare de la manière suivante : on fait dissoudre 125 grammes de colle forte dans un litre d'eau bouillante, avec une légère addition d'ail ou d'absinthe, destinée à conserver la dissolution et à la préserver des vers, et l'on en applique 4 ou 5 couches sur la pièce qui doit recevoir le vernis. On laisse sécher la colle et on la polit à la ponce fine ou à la prêle. Si l'on veut obtenir une *assiette*, on applique 5 à 6 couches de craie lavée que l'on polit ensuite avec la pierre ponce mouillée. C'est après cette opération faite avec soin qu'on procède à l'application de la couleur, dont on donne de 3 à 5 couches qui, après dessiccation parfaite, sont vernies à l'alcool après avoir été polies à la prêle.

V. POLISSAGE

Le polissage est une opération qui ne se fait que sur des objets et des peintures de prix.

Lorsqu'on veut polir un objet de couleur claire, on se sert pour vernir de copal extra-superfin à polir ; mais sur une couleur foncée, on pourra employer du copal fin à polir.

Lorsque la dernière couche est donnée et séchée, on procède de la manière suivante : on aura préalablement calciné sur un feu de charbon des os de veau, pour brûler le corps gras qu'ils contiennent, et leur donner une consistance poreuse. Après le refroidissement, on les écrase et on les broie extrêmement fin, à l'eau pure, avec la molette, sur la platine qui sert à broyer les couleurs.

Polissage. — On prend une certaine quantité de poudre d'os proportionnelle à la grandeur de l'objet sur un morceau de bon feutre, et l'on frotte uniformément la surface pour enlever les petits grains qui peuvent subsister, malgré tous les soins possibles. Lorsqu'on est bien sûr que les grains sont enlevés, on essuie avec une éponge que l'on aura soin de ne pas laver, parce qu'elle servira encore. On met donc cette éponge à côté de soi et à sa portée, puis on achève de polir l'objet, en humectant légèrement le tampon de la main sur l'éponge encore imprégnée d'os et d'eau et l'on frotte légèrement la surface par petites reprises pour donner enfin le poli complètement et enlever les traces occasionnées par le premier frottement ; après quoi, l'objet est lavé à l'eau fraîche et essuyé avec soin avec une peau de chamois.

On donne le même polissage aux vernis à l'huile et à ceux à l'alcool.

Nous ferons remarquer que les outils servant à cette opération ne devront être employés à aucun autre travail.

CHAPITRE IV

Application des couleurs

I. OBSERVATIONS ET REMARQUES GÉNÉRALES

Il arrive souvent, dans la peinture sur métaux
qu'après la seconde couche de positive et même
lorsque l'objet a reçu sa dernière couche de
copal, on aperçoit à la surface certaines places
où la couche s'est resserrée et a produit ce
qu'on appelle des frisures.

Ce défaut provient généralement de ce qu'on
a employé la couleur trop épaisse, c'est-à-dire
dans de mauvaises conditions.

Cet effet se manifeste aussi lorsque les premières couches n'ont pas été bien séchées.

Cette dernière cause n'est pas aussi à craindre pour les frisures que pour les gerçures. En
effet, supposons un instant qu'une première
couche n'ait pas été bien séchée, qu'arrivera-
t-il à la seconde couche ?

On comprend que si une couche n'ayant pas
été bien séchée, a été recouverte d'une seconde,
il y aura contradiction, si l'on veut sécher à
fond la seconde, et, par conséquent, un retrait
qui produira des fentes ou gerçures. Il suffit, en

effet, que l'une des couches n'ait pas été bien séchée pour que tout travail fait avant et même après cette couche subisse des gerçures et des frisures.

Les gerçures et les frisures ne se produisent quelquefois que bien longtemps après l'exécution du travail, et l'on voit même des défectuosités se montrer seulement quelques semaines après et même quelques mois plus tard.

Il faut donc, de toute nécessité, laisser sécher chaque couche à fond et préparer les couleurs positives et négatives minutieusement dans les conditions indiquées plus loin.

La superposition des positives et des négatives n'a pas d'inconvénient si les positives ne sont pas superposées à consistances différentes.

Voici à ce sujet une expérience que nous avons souvent répétée.

Si, sur une positive préparée à consistance régulière, puis bien desséchée, on pose une négative aussi dans de bonnes conditions, ensuite une couche de la positive qui a servi pour la première couche on n'observera ni gerçures ni frisures, ce qui prouve qu'on ne pourrait pas préparer la couleur assez épaisse pour n'avoir besoin que de donner une seule couche.

Nous ne disons pas qu'on ne puisse réussir à ne donner qu'une seule couche ; mais puisque cette expérience prouve qu'il y a si souvent des défectuosités, on ne peut pas admettre ce moyen comme pratique. Aussi n'engageons-nous personne, dans son intérêt comme dans celui du travail, à ne donner qu'une seule couche épaisse pour gagner du temps.

Lorsqu'on n'aura pas trop d'objets peints en blanc dans l'étuve, on pourra pousser la chaleur, au lieu de 35° à 40°, de 50° à 60° centig.

Nous ferons remarquer que le blanc jaunit à cette chaleur. Le bleu d'outremer n'est pas fixé ; d'un autre côté, mélangé au blanc, il se produit un grand changement, puisque le blanc jaunit et que le bleu verdit.

Nous ne conseillerons jamais de se servir, dans la préparation des couleurs, de l'essence minérale ou du white spirit, ou encore de benzine, ces produits ne pouvant pas remplacer l'essence de térébenthine, qui contient toujours certains produits résinifiables à la longue et qui donne par le fait même plus de corps aux couleurs.

Un thermomètre est indispensable dans l'intérieur de l'étuve, si l'on veut constamment obtenir de bons résultats.

Dans les opérations qui suivent, il sera souvent fait mention du vernis et du vernissage. Nous avons réservé plus loin un chapitre spécial pour ce travail, en indiquant certaines applications qui feront connaître à l'ouvrier tous les cas qui peuvent se présenter.

II. MANIÈRE DE PRODUIRE ET D'APPLIQUER LES COULEURS

Rouges

Supposons que nous ayons un plateau de limonadier à recouvrir ; on lui donne d'abord une couche de vermillon, préparé en positive (voir la manière de préparer les positives), puis on le porte à l'étuve ; après le séchage, il reçoit une seconde couche du même vermillon et on le reporte de nouveau à l'étuve. Dès qu'il sera sec, on le retirera et il subira alors un ponçage (nous avons déjà indiqué la manière de poncer et les matériaux nécessaires). Après cette opération, on prendra la négative (ou laque carminée) qui a été préparée au moins huit à dix jours avant de l'employer. Nous entrerons ici dans quelques détails, qui nous semblent indispensables, sur la préparation de cette négative.

Cette laque étant déjà en état de conservation, on dispose à sa portée un vase en fonte de fer, de la contenance d'un litre environ ; l'on met de cette laque carminée dans ce vase, environ un tiers de sa capacité, et l'on y ajoute le reste de vernis au copal n° 1 (à teintes), puis on l'agite avec une lame de bois, afin que la laque se mêle avec le copal. Cette opération terminée, on laisse reposer, comme on l'a dit, au moins huit ou dix jours. Au bout de ce temps, cette négative est devenue très transparente et est propre à l'usage.

Il ne serait pas bien difficile de produire un rouge, un bleu, un brun, etc., s'il ne s'agissait tout simplement que de donner une couche d'une des couleurs ci-dessus, puisque le rouge, est rouge, — le bleu, bleu, etc. Mais c'est cette vigueur et ce fond azuré qu'on n'obtient que par la combinaison des positives et des négatives, et ce sont justement ces négatives employées avec les positives, comme nous le décrivons ci-dessous, qui donnent à la teinte cette profondeur et ce velouté.

Reprenons notre plateau, qui a subi un ponçage, et mettons-nous à l'œuvre pour le négativer. L'on prend un pinceau de putois, d'une grosseur proportionnée à la grandeur du plateau, on le trempe dans la négative ou laque carminée, et l'on étend vigoureusement en tous sens. On laisse ensuite reposer un moment à plat, afin que la couleur ait le temps de s'étaler. En cet état, le plateau est porté à l'étuve et retiré après le séchage pour recevoir une seconde couche de la même négative et subir un second séchage. Enfin, après le séchage, il reçoit une couche de copal pour fixer la négative, qui ne pourrait soutenir ni ponçage ni fatigue sans cette précaution ; on peut alors laisser l'objet en cet état. Si l'on veut le décorer ou le nacrer, il faudra avoir recours aux procédés que nous décrirons spécialement plus loin.

Bleus

On prend du blanc de céruse dans lequel il n'est pas encore entré de vernis au copal, mais qui est déjà broyé, comme nous l'avo s indiqué ci-dessus, c'est-à-dire en état de conservation. On prend alors du bleu d'outremer préparé en positive, que l'on mêle au blanc, jusqu'à ce qu'il présente une nuance bleu de ciel, puis on y ajoute une quantité suffisante de vernis au copal pour la rendre applicable, comme nous l'avons dit, en parlant des positives préparées.

D'un autre côté, on prépare la négative pour produire le bleu ; on prend donc du bleu d'outremer, broyé en négative, dans un vase, et l'on y ajoute de l'essence, jusqu'à ce que le bleu soit liquide comme de l'eau et ne conserve plus qu'une légère transparence. Mais comme une négative n'aurait pas assez de corps et de fixité pour recevoir les différentes couches, on ajoute à cette composition un peu d'huile de lin cuite et un peu de vernis au copal, pour lui communiquer une légère consistance grasse.

On donne deux couches de ce bleu de ciel en positive, après lesquelles on ponce, ensuite, quatre couches de la négative bleu d'outremer ; après un séchage pour chaque couche et pour fixer, l'on donne une couche de copal comme pour le rouge. Nous ferons les mêmes remarques que ci-dessus, s'il s'agit de décorer ou de nacrer.

Noirs

On prend la positive noir de fumée préparée, l'on en donne deux couches, et, après le ponçage, on donne deux couches de la négative noir du Japon et une couche de copal, en ayant soin de faire subir un séchage à chaque couche.

Nous ferons remarquer qu'au lieu de noir du Japon, on peut se servir de la négative ponti-pool, mais elle n'est pas aussi noire.

Bruns

On donne deux couches de brun Van Dyck, préparé en positive, et ensuite un ponçage. On prépare d'un autre côté en négative de la laque brune et, après deux couches de cette négative, la surface reçoit une couche de copal, qui est le liquide fixateur dans toutes les opérations.

Verts

Pour produire le vert au moyen du vert métis ou du vert Véronèse, il faut au moins quatre couches. Ce vert, préparé en positive, n'a pas besoin d'être négativé.

Le vert produit au moyen du vert anglais, du vert impérial ou du vert milori peut suffisamment couvrir en deux couches.

Jaunes

Il faut au moins quatre couches pour produire le jaune, au moyen de la positive jaune de chrome, qui est, comme le vert, sans beaucoup de corps.

Blancs

On donne une couche de blanc de céruse, préparé en positive, pour lui communiquer de la solidité.

D'un autre côté, on prend du blanc d'argent broyé à l'essence, puis on y ajoute, dans les conditions déjà décrites pour les positives, une certaine quantité de vernis au copal blanc, fabriqué spécialement pour être mêlé aux blancs destinés à l'intérieur des objets ; mais ce vernis n'est pas très solide, malgré la couche de positive que l'on donne préalablement. On applique deux couches ; après quoi, l'objet est suffisamment couvert.

Jaspé

Nous ferons remarquer qu'on recherche toujours pour cette opération des fonds foncés : tels que noir, brun, vert, bleu, etc.

On prend donc une des positives désignées ci-dessus, mais il est bon de savoir qu'il ne doit entrer dans la composition de cette positive que de l'essence et du vernis copal. Si l'on y faisait entrer seulement quelques gouttes d'huile de lin, ou de toute autre huile, on ne réussirait pas. On broie donc l'une des positives très épaisse à l'essence et éclaircie par le vernis au copal, et l'on en applique deux couches. Nous ferons bien remarquer que la seconde couche ne doit pas être entièrement sèche, il faut savoir saisir le moment convenable ; cette dernière ne doit pas non plus être trop humide, et il faut qu'elle marque à peine lorsqu'on pose le doigt dessus ; mais l'étuve doit être chauffée à un degré bien plus élevé qu'à l'ordinaire, au point qu'on puisse à peine tenir l'objet dans les mains.

On tient donc à sa portée un gobelet, dans lequel il y aura de l'essence de térébenthine et un pinceau. On retire l'objet de l'étuve, et, pendant qu'il est encore assez chaud, on trempe le pinceau dans l'essence ; on le tient entre le pouce et le grand doigt, et avec l'index, on gratte légèrement sur le poil, en le dirigeant en tous sens, afin que les gouttes qui s'échappent du pinceau tombent sur l'objet. Lorsqu'on juge qu'il en est tombé suffisamment partout, on laisse refroidir ; après que l'objet est refroidi, on prend un paquet de poudre d'or ou de bronze ; puis avec un pinceau de fouine, que l'on a légèrement trempé dans le bronze, on passe à la surface de l'objet. Alors les petites gouttes d'essence, qui étaient tombées dessus et qui se sont élargies par la chaleur, n'ont plus laissé qu'une foule de petits cercles entrelacés les uns dans les autres, qui ne se montrent que lorsqu'il a été passé du bronze à la surface.

On peut jasper avec différentes couleurs de bronze, soit du bronze vert, rouge, jaune ou blanc.

Mais si l'on voulait avoir plusieurs bronzes entrelacés les uns dans les autres, on recommencerait l'opération pour chaque espèce de bronze, et l'objet serait porté à l'étuve et jaspé autant de fois qu'on voudrait avoir de couleurs de bronzes différentes. La surface ne doit pas rester longtemps en cet état, car le moindre frottement suffirait pour effacer complètement le jaspé ; on devra donc, après avoir jaspé, porter l'objet à l'étuve et l'y laisser trois quarts d'heure ou une heure ; après quoi, on le retirera et on lui donnera une couche de copal pour fixer le jaspé.

III. IMITATION PAR LE TREMPÉ

Imitation de l'agate

Il est toujours mieux de tremper sur des fonds blancs ou noirs. Sur les fonds blancs, on peut se servir de toutes les négatives, et sur les fonds noirs de toutes les positives.

Pour cette opération, on se munit préalablement d'un cuveau, dans lequel on a mis de l'eau un peu plus des trois quarts de sa hauteur. Ce cuveau se fait en coupant un tonneau en deux. D'un autre côté, on prépare les positives et les négatives de la manière suivante : On prend une certaine quantité de chaque positive et de chaque négative broyées en conservation.

D'autre part, on fait chauffer dans un vase de fer ou de fonte du vernis au copal n° 1, jusqu'à ce qu'étant froid, il soit devenu excessivement épais et qu'il ne coule pas sensiblement ; il faut, au contraire, qu'il fasse de grands fils quand on en retire du vase avec une baguette en bois. Chacune des positives et des négatives doit avoir un vase différent ; on les prépare l'une après l'autre, en mettant dans un vase bien propre ce que l'on voudra d'une de ces couleurs, puis on y ajoute du vernis dont nous parlions à l'instant.

Tout étant ainsi préparé, on donne deux couches, de la positive blanc d'argent, à l'objet que l'on veut tremper ; après ces couches, on ponce, en ayant soin qu'il ne reste pas de goutte d'eau ni d'humidité à la surface. Il vaudrait mieux préalablement faire sécher un moment, car partout où il y aurait des gouttes d'eau les couleurs n'adhéreraient pas. On pose donc l'objet et les couleurs à sa portée, puis on prend les négatives l'une après l'autre, et, avec une baguette de bois, on enlève et on jette à la surface de l'eau un peu de chacune (on peut en prendre une ou plusieurs, cela dépend de l'agate qu'on veut imiter) ; on agite ensuite l'eau peu à peu afin que les couleurs se marient, et lorsqu'on a le dessin que l'on désire, on s'empresse d'y tremper l'objet sur lequel se fixent les veines qui se trouvaient sur l'eau. Après cette opération, on le laisse égoutter quelque temps puis on le porte à l'étuve, et lorsqu'il est sec, on donne une couche de copal pour fixer.

Faisons remarquer que les négatives qui se

marient le mieux sur le blanc sont : le bleu de
Prusse, la laque carminée, la laque jaune et la
laque verte. Les positives qui se marient le
mieux sur le noir sont : le blanc d'argent, le
jaune de chrome, le vermillon et le cadmium.

Lorsqu'on a trempé quelque temps, les couleurs se figent au point que l'on est obligé d'avoir
des petites lames de papier pour les enlever ou
les séparer de l'eau. On peut recommencer l'opération autant de fois qu'on le juge nécessaire.

Imitation de l'écaille

On ne fait ce genre de décor que sur les objets
soignés, tels que : les boîtes de toilette, les boîtes
à ouvrages pour dames, les boîtes à cigares, les
cassettes, les tables de travail, etc., et seulement dans quelques places réservées de l'objet.
Pour procéder à cette opération, on donne
une couche de positive noir de fumée ; après le
séchage, elle est légèrement poncée. Puis on a
à sa portée du vermillon, du jaune de chrome
et du blanc de céruse préparés en positives ;
avec un petit pinceau en plumes, on met de ces
positives sur les places réservées de l'objet en
question, on en forme de petites gouttes, de
manière à ce que ces positives se mêlent un peu,
après quoi, l'objet est porté à l'étuve. Lorsqu'il
est sec, il est retiré et reçoit deux couches de
vernis noir japon sur toute la surface, afin de
couvrir complètement les positives (rouge,
jaune et blanc) ; après chaque couche, il est
reporté à l'étuve, et, lorsque ces deux couches
sont sèches, il reçoit une couche de copal. Dès
que cette couche au vernis est bien sèche, on

ponce toute la surface de l'objet ; mais on doit avoir soin de poncer plus fortement sur les places où on veut voir l'écaille. Alors on s'apercevra bientôt que les trois positives qui formaient en premier lieu des hauteurs, se découvrent et donnent parfaitement les veines et les dessins de l'écaille, c'est-à-dire que le rouge se découvre et va du rouge vif au brun, en se perdant insensiblement dans le fond qui est noir. Il en est de même du jaune et du blanc. Si l'on veut décorer cet objet, on procède ainsi que nous l'expliquerons à l'article décor ; mais si on veut le laisser en cet état, on donne une couche de copal pour fixer.

Imitation du granit

Les granits étant différents par la couleur, on peut opérer sur fond noir ou gris. L'on prépare donc en positive du noir de fumée, on en donne deux couches à l'objet et l'on ponce après les séchages. Si l'on voulait avoir du granit clair, on mélangerait au noir préparé en positive un peu de blanc, pour lui communiquer un ton grisâtre.

On prépare ensuite du blanc parfaitement broyé, en y mélangeant moitié copal blanc et moitié essence, afin qu'il soit passablement liquide.

D'un autre côté, on a un pinceau plat ou une brosse, que l'on trempe dans le blanc ci-dessus préparé, puis on prend un manche en bois de chêne ou un autre bois dur, sur lequel on frappe afin que la couleur qui se trouve dans les poils du pinceau vienne tomber en petite pluie sur l'objet ; toutefois il est toujours bon, avant de le diriger sur l'objet, de frapper dans le vide, et ce n'est que lorsqu'on juge qu'il ne tombera plus de grosses gouttes de couleur que l'on asperge sur l'objet.

Il y a aussi depuis quelque temps de petites brosses circulaires, dans des étuis ou réservoirs en fer-blanc, contenant du blanc destiné au granit, auxquelles on donne un mouvement de rotation plus ou moins vif. Alors le blanc contenu dans la partie inférieure du réservoir s'attache sans cesse à la brosse, et, par un frottement, vient se disperser par la partie supérieure.

Ces petites machines à granit se trouvent chez tous les marchands de couleurs.

Imitation de la malachite

La malachite est une substance minérale, une pierre qui est souvent employée dans le travail des objets d'art.

Les malachites se font de différentes couleurs ; mais nous ne signalerons ici que les fonds les plus en usage et sur lesquels on opère le plus souvent ; ce sont les fonds vert, rouge et jaune. On donne deux couches d'une des couleurs ci-dessus, préparée en positive, après quoi on ponce soigneusement, afin qu'il ne reste plus de grains à la surface.

D'un autre côté, on broye bien fin du noir animal assez épais et à l'eau pure ; on a à sa portée une éponge très fine et le blaireau avec lequel on fait les faux bois. Tout étant ainsi préparé, on doit mouiller une autre éponge et la poser à la surface de l'objet qu'on travaille, afin de l'humecter légèrement, puis l'éponge est trempée dans le noir animal, mais il faut qu'il n'y en ait pas trop ; alors on tape cette éponge ainsi imprégnée de noir à la surface de l'objet, jusqu'à ce qu'il y ait du noir en proportion du rouge ; pendant que tout est encore humide, on blaireaute légèrement en tous sens, afin que le noir et le rouge se perdent l'un dans l'autre ; on laisse sécher pendant un quart d'heure ou vingt minutes à l'air, après quoi on donne deux couches de négative, laque carminée. L'objet, après chaque couche, est de nouveau porté à l'étuve, et, quand il est sec, il reçoit une couche de copal pour fixer, après quoi on le ponce. Lorsqu'il est poncé et soigneusement essuyé, on le trempe dans du vernis copal, et l'on imite des veines très fines dans le genre de celles qui se trouvent dans le marbre blanc ; puis, lorsque le vernis est un peu pris, on passe à la surface avec un morceau de coton qu'on a trempé dans du bronze métallique ; on fait sécher après cette opération, et l'on donne une couche de copal.

Si l'on voulait décorer sur un fond malachite, on s'abstiendrait de faire les petites veines dont nous venons de parler.

Imitation du chiqueté

Le chiqueté se fait ordinairement sur fond blanc.

On donne deux couches de blanc de céruse préparé en positive. Après le séchage, on ponce ; et, après ce ponçage, on donne une légère couche de vernis japon à la surface blanche. Lorsque la couche est un peu prise, on prend un petit pinceau que l'on a lié aux trois quarts de la longueur des poils ; on le trempe dans un godet contenant de l'essence de térébenthine, on le tient entre le pouce et le grand doigt, et, avec l'index, on gratte légèrement le poil afin que l'essence dont le pinceau est imprégné se détache en petite pluie sur l'objet ; alors l'essence étant plus fluide que le japon dont la surface est recouverte, s'élargit en une multitude de petits cercles, met le blanc à nu et ne laisse plus que des petites rondelles qui sont alors presque noires. Dans cet état, on met sécher l'objet, et, après le séchage, il reçoit une couche de négative rouge, verte, bleue ou jaune ; enfin, on fixe avec une couche de copal.

Imitation du moiré

Le moiré ne peut se faire que sur le fer-blanc parfaitement poli.

L'objet à moirer doit être, préalablement, parfaitement poli avec du blanc de Troyes, de la chaux de Vienne ou du blanc d'Espagne, et avec un linge fin.

D'un autre côté, on mélange quatre dixièmes d'acide sulfurique avec six dixièmes d'eau ; ce mélange est versé dans une caisse en bois et l'objet à moirer est posé dans cette même caisse, qui doit être fermée par un couvercle ; au bout d'un quart d'heure, on retire l'objet, qui est moiré ; on le passe ensuite à l'eau fraîche, et, sans être frotté ni essuyé, il est porté à l'étuve pour sécher. Après le séchage, on donne deux couches d'azur avec une des négatives, rouge, bleue, verte ou jaune ; quand il est sec, on applique une couche de copal pour fixer.

On peut aussi moirer en trempant l'objet dans l'acide ; mais si l'on voulait que l'intérieur restât poli, ce mode ne serait pas acceptable. Il faut même, avec le premier procédé, boucher toutes les ouvertures que pourrait présenter l'objet, parce que les vapeurs d'acide qui pénétreraient légèrement pourraient dépolir l'intérieur.

On remarquera que ce moiré est produit par le dégagement des vapeurs acides qui forment des taches polies et non polies. On s'aperçoit que quelle que soit la direction dans laquelle on regarde ces taches, elles sont toujours visibles.

Imitation du sablé

Ce procédé ne s'emploie que pour l'intérieur des objets, tels que : tabatières, boîtes à tabac à fumer, boîtes à toilette, petits nécessaires de dames, etc.

On donne une simple couche de noir, et, après le séchage, une couche de copal, sur laquelle on sème de la fine limaille de cuivre ou de laiton ; lorsque ce travail est sec, on fixe avec du vernis copal auquel on a mêlé un peu de laque jaune.

Marbrure à l'huile et à l'eau

La marbrure se fait de deux manières : avec les couleurs à l'huile ou avec les couleurs à l'eau.

Si l'on veut marbrer *en couleurs à l'huile*, il faut commencer par appliquer un fond en couleur à l'eau que l'on recouvre après dessiccation d'une couche d'huile de lin mêlée avec du vernis. Puis on a sur une palette les différentes couleurs que l'on veut employer, broyées à l'huile siccative ; ce sont, par exemple, des terres ou des bruns, des noirs de bougie ou de fumée qui, mêlés aux bruns, donnent plus de relief aux veines, en enlevant la monotonie du ton général. Quand la marbrure est sèche, on la glace avec une terre de Sienne d'un éclat prononcé et l'on applique les vernis. Il est indispensable de s'assurer avec le plus grand soin que la marbrure est sèche avant d'appliquer le glaçage ; car il arrive fréquemment que, dans ce genre de peinture, on force l'épaisseur de la couleur pour lui donner plus de relief, ce qu'on appelle dans le métier *faire des paquets* ; ces paquets sèchent naturellement avec plus de lenteur que la couleur appliquée d'un seul trait de pinceau.

Les couleurs que l'on emploie pour la *peinture à l'eau* doivent être broyées au vinaigre ou encore à la bière ; ces deux ingrédients ont plus de mordant que l'eau. Les couleurs que nous avons indiquées pour la marbrure à l'huile peuvent également servir pour la marbrure à l'eau. Dès que la peinture est terminée et parfaitement séchée, on procède au vernissage et l'on polit à la prèle et à la peau de chamois ou au feutre.

On emploiera des vernis épais par une température élevée ; il faudra préférer, au contraire, les vernis fluides par le temps froid.

Les pinceaux dont on se sert pour marbrer sont ordinairement assez fins ; on emploie aussi des pinceaux larges et plats dont les soies sont disposées par petits groupes et ont un peu l'aspect d'un démêloir. Ces pinceaux donnent trop de régularité à l'ensemble des veines ; on rompt cet effet souvent disgracieux en fondant les veines d'endroit en endroit avec les petits pinceaux, ou en enlevant la couleur par place avec de la peau ou du cuir. On se sert aussi d'éponges ou de chiffons. Enfin, on ne peut indiquer de procédé bien absolu, car la marbrure étant toute de fantaisie dans l'imitation de la nature, chaque peintre emploie les procédés qui lui paraissent les plus commodes ; de là ces mille et une *ficelles*, qui sont toujours bonnes pourvu que les résultats soient satisfaisants.

IV. MANIÈRE DE FAIRE LES FAUX BOIS

Lorsqu'on veut imiter un bois quelconque, il faut que l'objet sur lequel on se propose d'opérer ait reçu deux couches de positives, de teintes différentes pour les divers bois.

Les bois que l'on imite le plus dans la peinture sur métaux sont : le sapin, l'érable, le chêne, le noyer et le palissandre. Si l'on veut imiter un bois clair, il faut aussi que les deux couches de positives soient en rapport ; il en est de même pour les bois foncés.

Peinture en sapin

Les faux bois se font de deux manières différentes : à l'eau et à l'huile. La première a été adoptée à cause de son entretien peu coûteux, et elle est aussi préférable pour les objets de petites dimensions.

On prend du blanc de céruse, en état de conservation, et la quantité qui est strictement nécessaire pour le nombre d'objets à recouvrir ; on le dépose dans un vase propre, puis on y ajoute un peu de jaune d'Allemagne, assez pour lui communiquer une teinte jaunâtre, mais une nuance qui soit à peine visible. Pour rendre cette couleur applicable, on suivra absolument ce que nous avons dit, pour la préparation des positives. On donne deux couches de cette positive, et l'on ponce après le séchage.

D'un autre côté, on a broyé à l'eau propre les couleurs suivantes : terre de Sienne naturelle, terre de Sienne calcinée, terre d'ombre, terre de Cassel et noir d'ivoire. Ces couleurs sont mises dans des vases, et, pour les conserver fraîches, on verse à leur surface de l'eau propre ; sans cette précaution, elles sécheraient et l'on serait obligé de recommencer leur broyage.

Pour faire les faux bois, on se sert de pinceaux spéciaux et qui ne sont employés que pour ce travail. Ces pinceaux sont :

Le blaireau.
La batte à chêne.
Le spalter.
La veinette.
Les petits pinceaux en plume.

Tout étant ainsi préparé (on aura soin d'étudier le plus possible les bois naturels), on prend le petit pinceau en plume, et on le trempe légèrement dans de l'eau contenue dans un vase que l'on a à sa portée ; puis, sur la terre de Sienne naturelle, on reproduit aussi fidèlement que possible sur l'objet les veines du morceau de bois que l'on a pour modèle, et pendant que ces veines sont encore mouillées, on blaireautte, comme si l'on époussetait, vers la partie extérieure des veines ; alors la teinte (les couleurs servant à faire les faux bois s'appellent aussi teintes) se perd, et l'on aperçoit les veines l'une sur l'autre, comme si l'on voyait la pousse du bois de chaque année. Pour les veines voisines, on prend un spalter de la grandeur proportionnée à l'objet, et, après l'avoir trempé légèrement dans l'eau et ensuite dans la teinte (terre de Sienne), on passe les poils dans un démêloir (ou peigne) ; on voit alors les poils ramassés par petits groupes. Pour former les veines qui se trouvent à côté du collier, on passe avec le spalter, préparé comme nous venons de le dire, et la teinte se lâche sans résistance. S'il y a des nœuds dans le bois, on les imite avec le petit pinceau en plume qui a été trempé dans la terre de Sienne calcinée ; mais comme il se trouve un petit cercle noir autour des nœuds, on prend un autre petit pinceau trempé dans la terre de Cassel, et l'on trace ce léger cercle en tremblottant pour qu'il ne paraisse pas raide.

Nous ferons remarquer que toutes les veines, allant dans le même sens, partent du nœud. Il faut aussi que ce bois de sapin, ainsi que les autres, reçoive une couche de vernis copal qui fixe la teinte ; car les couleurs servant à faire les faux bois étant broyées à l'eau, n'auraient pas assez de consistance, puisque le moindre frottement d'une substance humide enlèverait tout le travail, même à sec.

Peinture en érable

Les deux premières couches peuvent être données avec la positive qui a servi pour le sapin ; après quoi, l'on ponce.

On prend un spalter, qui est trempé dans l'eau, puis dans la terre d'ombre. On doit avoir, pour éclaircir la teinte, une assiette sur laquelle on essuie un peu le spalter, afin qu'il soit à peine humide de terre et d'eau ; puis on donne une couche avec ce spalter préparé comme nous venons de le dire ; pendant que la teinte est encore mouillée sur l'objet, on pose le spalter vers la partie supérieure, on descend vers la partie inférieure, en ayant soin de lever de temps en temps le pinceau sur lui-même, sans néanmoins lui laisser quitter l'objet, afin qu'il s'y forme des arêtes devant former les taches qui se trouvent en travers dans certaines parties de ce bois. On blaireautte alors dans le sens des taches, c'est-à-dire en travers, et, sans perdre de temps on humecte un peu le bout du doigt et on le pose dans les parties foncées du bois. Il se forme alors un petit cercle blanc, au centre duquel se trouve un point assez foncé, qui doit former le nœud du bois ; et comme, dans ce bois, il se trouve assez fréquemment de ces nœuds, on pose de nouveau le doigt dans la teinte encore mouillée sur l'objet autant de fois que l'on voudra obtenir des nœuds, toujours en consultant le bois naturel. On laisse alors sécher cette teinte, ce qui ne demande pas plus d'un quart d'heure de temps. Lorsque cette teinte est sèche, on prend un petit pinceau que l'on trempe dans l'eau, la pointe seulement, puis légèrement dans la terre d'ombre, et l'on forme les veines du cœur aussi adroitement que possible, en partant toujours des nœuds, puis on blaireautte ; les veines voisines se font aussi avec le spalter, mais sans être passé dans le peigne (à moins que ce ne soit pas dans un peigne très fin) ; on suit ainsi le cœur du bois dans toute sa longueur. Ce travail achevé, on laisse sécher et l'on donne une couche de vernis copal pour fixer.

Le blaireauttage a pour effet, dans tout ce que nous avons dit, de donner un certain vague aux raies formant les veines du bois et de fournir une sorte de dégradé, rappelant tout à fait le modèle naturel.

Peinture en chêne

La positive servant à donner le fond de ce bois doit être composée autrement que celle du sapin et de l'érable, le chêne étant plus foncé. On mêle un peu plus de jaune d'Allemagne et une légère pointe de noir de fumée pour communiquer une teinte un peu grisâtre ; on applique deux couches comme pour le sapin et l'on ponce.

On mélange, d'un autre côté, de la terre de Sienne et de la terre d'ombre, mcitié de l'une et moitié de l'autre, et avec le spalter trempé dans l'eau et ensuite dans cette teinte, on donne une couche bien uniforme à l'objet ; puis immédiatement, pendant que cette couche est encore mouillée, on tape de bas en haut bien uniformément avec la batte. Lorsqu'on est arrivé en haut, on essuie vivement la batte en tapant les poils contre un pied de table et l'on recommence à taper comme précédemment. On aperçoit alors parfaitement les pores du bois de chêne et on laisse sécher. Aussitôt que la teinte est sèche, et avec la même teinte qui a servi pour la première opération, on fait le cœur du bois au moyen du petit pinceau en plume, et les veines voisines avec le spalter, en le peignant préalablement.

On observe aussi, dans certaines parties de ce bois, des taches blanches ou sombres, que l'on appelle en peinture enlevées ou miroirs. Comme il faut un certain temps de pratique pour faire ce travail à la main, nous conseillerons d'employer le procédé suivant :

On donne préalablement deux couches d'une positive quelconque à une feuille de papier à dessin ; d'un autre côté, on se procure un morceau de chêne naturel, sur lequel il y a des miroirs ou enlevées ; on les copie fidèlement sur cette feuille de papier avec un crayon, et on les découpe avec un canif. Ce papier peut alors servir de patron en cet état.

Si l'on veut avoir dans quelques parties du bois de ces enlevées, on pose le patron sur les points où l'on veut les obtenir, et, avec une éponge à peine humectée d'eau, l'on essuie partout où il y a des jours ; on enlève le patron et l'on aperçoit des enlevées bien propres si l'opération a été faite avec soin. Si l'on veut, au contraire, avoir des miroirs sombres, on prend le spalter trempé légèrement dans la teinte qui a servi à faire le chêne, et au lieu d'enlever la teinte, on la tape sur les jours ; on enlève ensuite le patron et l'on a des miroirs

sombres au lieu de clairs ; après quoi, on vernit pour fixer.

Peinture en noyer

Dans la positive qui est destinée à servir de
fond, il doit entrer au moins un tiers de jaune
d'Allemagne et deux tiers de blanc de céruse,
que l'on prépare comme nous l'avons dit dans
la préparation des positives ; après quoi, l'on
ponce.

On trempe un spalter dans la terre de Cassel
et l'on en donne une couche transparente à la
surface.

Pour faire le cœur de ce bois, on se sert de
veinettes ou de plumes d'oie (ces dernières sont
préférables) : on trempe la barbe de la plume
dans du noir d'ivoire, en se rappelant que pour
commencer, on doit toujours avoir un morceau
de bois naturel sous les yeux pour modèle. On
fait alors les cœurs en promenant la barbe de
la plume à rebours. Les veines voisines se font
avec le spalter, en le trempant dans le noir, si
l'on veut avoir à côté du cœur des veines foncées, puis on le lave à l'eau propre et l'on passe,
afin d'enlever jusqu'à un certain point la teinte,
pour former les veines claires. On fixe avec du
vernis copal, auquel on ajoute à peu près un
dixième de vernis noir du Japon. Si l'on voulait imiter la racine de noyer, ou le plaqué, ce
qui ne peut se faire que par différentes opérations, on suivrait les procédés décrits ci-après.

Si l'on prend un morceau de beau bois de
noyer ou du placage, on y remarque des veines
ou taches claires et foncées en dessous des vei-

nes supérieures ; les veines claires s'obtiennent comme nous l'avons dit plus haut, en lavant ces points avec un spalter imbibé d'eau, et les veines foncées en le trempant dans la terre de Cassel, mêlée elle-même à un peu de noir d'ivoire, et en formant des lignes inégales et transversales. On laisse sécher ce que l'on vient de faire, après quoi, on lave un spalter proprement, et, pendant qu'il est encore mouillé, on le passe légèrement à la surface de l'objet, en ayant soin, toutefois, de ne pas repasser plusieurs fois sur la même place, parce que, par un frottement trop rude, on enlèverait ce que l'on a fait en premier lieu. Cette surface, humectée comme nous venons de le dire, donne un grand avantage pour faire les veines supérieures ; sans cette légère précaution, la surface n'offrirait que des veines saccadées et de grosses taches noires.

Pendant que cette surface est encore humide, on prend une plume d'oie et on la trempe dans le noir d'ivoire. D'un autre côté, on a à sa portée une assiette en tôle ou en faïence, sur laquelle on gâche le surplus de ce qui s'est attaché à la plume, en rebroussant la barbe dans le sens contraire, de manière que les barbes forment des dents comme un peigne. En la passant sur la surface toujours humide, dans des conditions diverses et par des mouvements saccadés, on parvient, au moyen de la plume d'oie, à faire de très belles veines. A chaque opération on blaireautte, afin que les veines paraissent moins raides. Pour fixer, on se sert du vernis copal.

Peinture en palissandre

On donne deux couches d'ocre rouge, préparées en positive, à l'objet à recouvrir ; après quoi, l'on ponce.

On trempe un spalter dans du noir d'ivoire, pas trop épais, et pourtant pas trop clair, et l'on en peint la surface. Si l'on ne veut avoir que des veines droites, on prend la batte à chêne qu'on passe sur la surface par mouvements plus ou moins saccadés, et l'on voit bientôt que la pression de la batte découvre le fond, dans quelques places, et entasse tout à côté le noir qui forme alors les veines du bois.

Si l'on voulait obtenir des bois ornés de nœuds ou cœurs, on passerait une éponge sur la place où l'on voudrait produire ceux-ci. Cette éponge découvrirait le fond, et à cette place, sans perdre de temps, on imiterait les cœurs avec un petit pinceau en plume. Les veines adjacentes se font avec la batte à chêne comme nous l'avons dit plus haut pour les veines droites. Après cette opération, on fixe avec du vernis copal, auquel on a mélangé deux dixièmes de laque carminée, pour communiquer un ton transparent.

V. DES GLACIS

Le glacis est une couleur légère et transparente que l'on applique sur une autre couleur pour en modifier le ton et pour produire certains effets. Il laisse paraître la teinte sur laquelle il est appliqué, tout en lui enlevant de son éclat, de sa crudité, ou en la modifiaht par sa nuance propre, à peu près comme ferait une glace légèrement teintée. Naturellement, les glacis ne sont appliqués que tout à fait en dernier lieu, lorsqu'on a fini la peinture.

Les glacis sont formés avec des couleurs broyées à l'huile, comme toutes les autres ; mais on y ajoute, en général, un peu d'huile décolorée pour en augmenter la transparence ; et l'on choisit de préférence des couleurs transparentes elles-mêmes, telles que la laque jaune, la laque carminée, la terre de Sienne, le bitume, les bleus, etc.

Tous les différents glacis dont on peut avoir besoin dans le vernissage se trouvent dans le commerce. Il n'y a d'autre règle à établir, pour leur application, que celles qui découlent de la définition que nous avons donnée ; elles sont laissées au goût et à l'appréciation de l'artiste.

CHAPITRE V
Vernis et Vernissage

—

I. CONSIDÉRATIONS GÉNÉRALES

Le vernissage est l'art d'appliquer les vernis sur différentes matières revêtues de couleurs destinées à les faire valoir, ou même laissées à leur état naturel. Il est donc indispensable à tout ouvrier de connaître d'abord les vernis le plus communément employés et de se rendre compte de leur composition.

Le vernis est le nom que l'on donne communément en peinture aux solutions de résines et de gommes-résines dans l'alcool, les essences, la benzine, etc., dont on couvre certaines couleurs pour les rendre plus brillantes ou plus lisses, ou pour les préserver de l'action de l'air ou de l'humidité. A côté des avantages des vernis, il faut signaler plusieurs mauvais effets ; ils jaunissent, ils écaillent, ils altèrent même quelquefois les couleurs.

Le vernissage, quels que soient les objets auxquels on l'applique, est toujours une opération qui mérite la plus grande attention, à cause de la délicatesse des vernis. Nous parlerons ici de leur manipulation d'une manière générale ; nous reviendrons plus loin sur leurs applications variées.

Le vernis, quel qu'il soit, ne se conserve jamais dans des vases même légèrement poreux ; nous conseillons de se servir de préférence de vases en porcelaine ou en verre, se bouchant hermétiquement. Outre les différents pinceaux et ustensiles d'atelier dont nous avons parlé, on doit avoir des blaireaux et pinceaux de loutre entretenus constamment dans le plus grand état de propreté ; pour cela, on les lave chaque fois qu'on s'en est servi, dans de l'essence de térébenthine, et on les enveloppe dans un papier assez collé pour qu'il n'absorbe pas l'humidité laissée par le lavage, car ils doivent toujours rester humides.

L'application du vernis exige une certaine habitude. Dans les plus grands ateliers, on a toujours des ouvriers spécialement chargés de ce travail délicat, car les précautions à prendre sont multiples.

Le vernis à l'alcool doit être appliqué dans un local chauffé à une température assez élevée et sur des objets chauffés eux-mêmes au bain-marie. Le vernis à l'huile réclame une température ordinaire. L'ouvrier doit, autant que possible, retenir sa respiration ; sans cette précaution le vernis se gercerait. Il doit ne prendre toujours que la même quantité de vernis dans son pinceau, afin d'éviter les inégalités dans l'application, diriger toujours son pinceau dans le même sens et ne pas repasser deux fois sur le même endroit.

On donne habituellement deux couches de

vernis à l'huile et trois de vernis à l'alcool ; mais il faut en augmenter le nombre quand la pièce doit être polie après chaque couche. Pour la composition des différents vernis, consulter le *Manuel du Fabricant de Vernis* (Encyclopédie-Roret).

II. EMPLOI DANS LA PEINTURE DES MIXTIONS-MORDANTS DU COMMERCE

On sait qu'une *mixtion* est un mélange de plusieurs substances chimiques, et que le *mordant* est en quelque sorte un intermédiaire entre les matières qui doivent décorer et les objets destinés à recevoir ce décor. La mixtion peut donc être un mordant, aussi appelle-t-on, dans le bronzage, *mixtion-mordant* l'agent qui sert à fixer la poudre métallique sur l'objet que l'on veut décorer.

Les mixtions du commerce sont très impures (par leur nature même), et par conséquent impropres à servir de mordants aux poudres métalliques, vulgairement appelées bronzes, de couleur blanc, jaune, rouge, cramoisi et vert, qui ne sont autre chose que des combinaisons et des mélanges de cuivre, de zinc, d'antimoine et d'étain, tous métaux facilement oxydables.

En admettant qu'il ne soit pas possible de mettre les métaux oxydables complètement à l'abri de l'oxydation, nous croyons cependant avoir fait un pas vers le progrès : car nos expériences nous ont démontré qu'on pouvait notablement retarder ce fâcheux effet, qui dans les cas ordinaires se manifeste malheureusement trop souvent par le perte des dessins et des décors, dorés, argentés ou cuivrés par les bronzes.

La première des conditions est de se procurer un mordant qui ne contienne pas d'agent d'oxydation en combinaison. C'est pour cela que nous nous permettrons, non pas d'entrer dans des détails qui sont plutôt du domaine de la chimie que de la profession du peintre, mais au moins de donner la composition de l'huile de lin, qui est ordinairement la mixtion ou mordant, lorsqu'elle est préparée dans les conditions que nous dirons plus loin.

Une explication sur la composition des huiles est nécessaire pour se faire une idée juste et précise de l'action oxydante qu'elles possèdent.

Les huiles se divisent en huiles fixes et en huiles résineuses ou volatiles. Les huiles fixes, ne pouvant servir dans les opérations qui nous occupent, nous les mettrons de côté pour nous occuper uniquement des huiles dites grasses et qu'on a longtemps appelées huiles *résineuses*, qui, à cause de la propriété qu'elles ont d'absorber l'oxygène, subissent une transformation qui les amène à un état résineux ; c'est pour cette raison qu'elles sont employées en peinture ; telles sont les huiles de lin, d'œillette, de noix, de chènevis, etc.

Les huiles grasses sont des composés résultant de l'union des acides stéarique, oléique et margarique et autres acides gras particuliers à chaque huile avec la glycérine ; ce sont en résumé de véritables éthers dans lesquels la glycérine joue le rôle d'alcool.

Si l'on veut bien s'en faire une idée juste, on

6.

comprendra facilement qu'un composé semblable est loin de garantir la beauté primitive des poudres métalliques répandues à sa surface.

Puis vient la cuisson, opération qui a pour but de rendre l'huile siccative et de lui enlever les traces de principes fixes qu'elle contient naturellement en combinaison.

Cette opération est loin encore de débarrasser l'huile des principes oxydants, puisque, pour la rendre propre à l'usage, on est obligé de la faire bouillir avec de la litharge (oxyde de plomb) ou du bioxyde de manganèse, c'est-à-dire d'y introduire un agent d'oxydation de plus. Tout ce que nous venons de dire ne doit pas être une cause pour rejeter les mordants ou mixtions du commerce ; mais ils doivent subir une opération qui n'est pas sans importance. On aura donc recours pour cela au moyen suivant :

On prend une bouteille, comme celles employées en chimie, munie d'un robinet vers la partie inférieure, bouchée à l'émeri, et de la contenance d'un litre ; on y met un 1/2 litre de mixtion ordinaire du commerce, puis on y verse 150 à 200 grammes d'eau distillée ou tout au moins de l'eau de pluie, parce que les eaux de rivières sont généralement trop impures. On agite fortement, jusqu'à ce que l'huile paraisse mélangée à l'eau ; on laisse en repos pendant une heure ; on continue toute la journée à agiter d'heure en heure ; on laisse écouler l'eau le soir pour la rechanger, l'agiter encore et la laisser reposer pendant la nuit.

Le lendemain, même opération, en changeant quelques fois l'eau ; et l'on continue cette opération pendant huit jours. Au bout de ce temps, on vide l'eau par le robinet et l'on expose la mixtion au soleil pendant un mois, si c'est en été, et dans une étuve en hiver, à la température de 35 à 40° C. L'huile légèrement chauffée dépose et expulse, en se desséchant, les dernières traces d'eau, en même temps qu'elle se clarifie elle-même.

Le lavage a pour but de débarrasser le mordant de toute trace d'acide et de l'obtenir à l'état de pureté. La décantation, ou la séparation de l'eau, d'avec l'huile est très facile, puisque la différence de poids à volume égal est dans le rapport entre 900 à 915 environ pour les huiles ci-dessus, et 1,000 qui est le poids du litre d'eau à la température de 4°.

La seconde cause de l'altération spontanée des bronzes provient encore des eaux de rivière dont on se sert pour les lavages. En effet, lorsqu'un décor, dessin ou filet, a été mixtionné, et qu'il a atteint le point de dessiccation convenable (voir au chapitre suivant, les articles relatifs au bronzage et à la dorure), on procède au bronzage, au moyen des bronzes blanc, jaune, rouge ou vert. La poudre se répand naturellement au delà du dessin, ce qui nécessite un époussetage pour enlever l'excès de bronze. Mais comme ce moyen est insuffisant pour enlever toute trace de poudre, on a recours à un lavage à l'eau, avec une éponge fine, puis on essuie avec une peau de chamois.

Mais, qu'on se le rappelle bien, les eaux sont ordinairement impures et crues, par la raison qu'elles contiennent du chlorure de chaux et d'autres corps ou sels en dissolution, en quantité plus ou moins forte. Ces sortes d'eaux tachent les métaux malgré tous les soins que l'on prend de les essuyer rapidement. C'est pour cette raison que nous conseillons de se servir des eaux de pluie pour les lavages.

On voit donc, d'après l'exposé ci-dessus, que les deux points principaux sont : de se servir de mixtion convenablement purifiée, et d'eau de pluie pour les lavages.

Quant à ce qui concerne la fabrication de la mixtion, nous dirons seulement qu'on prend de l'huile de lin ordinaire, que l'on fait cuire à feu nu pendant cinq à six heures, avec de la litharge ou du bioxyde de manganèse, en quantité triple et même quadruple de celle indiquée pour le dégraissage de l'huile servant au mélange des couleurs.

III. VERNISSAGE DES OBJETS EN BOIS

Vernissage d'un meuble

Prenons pour exemple le vernissage d'un meuble en bois. Il faut d'abord que toutes les parties qui doivent être colorées soient polies à la pierre ponce. On l'examine ensuite avec attention dans toutes ses parties et l'on bouche avec du mastic à la sciure de bois les trous et les fentes qu'on rencontre, en laissant un léger excès de mastic. Ces bavures sont enlevées avec des lames fines et des limes qui ont très peu de mordant, et l'on passe ensuite la pierre ponce sur le mastic, de telle sorte, qu'à l'œil, il ne paraisse faire qu'un même corps avec le bois.

On applique ensuite la couleur sur le bois ;

quand elle est sèche, on la recouvre de quatre ou cinq couches de vernis selon l'éclat que l'on veut donner à la couleur, et quand la dernière couche est bien sèche, on polit.

Si l'on veut simplement appliquer un vernis coloré, on enduit l'objet de colle forte ou d'huile de lin qui est très siccative.

Quand le bois doit paraître au naturel, on y applique quelques couches de vernis, que l'on ponce successivement après dessiccation complète, puis on polit la dernière.

Vernissage d'une voiture

Occupons-nous maintenant d'un objet plus important, tel qu'une voiture (1). On procède d'abord comme nous venons de le faire pour le meuble, par un examen attentif de toutes ses parties. Cela est d'autant plus important, que les parties de la voiture sont faites de bois différents et que les fentes et fissures ne se produisent pas de la même manière. Les trous et les fentes les plus insignifiantes sont couverts avec le mastic ; mais certaines fissures et jointures ne seraient masquées que d'une manière bien incomplète par ce procédé. On est alors obligé d'employer un moyen analogue à celui qu'on emploie sur les navires pour en boucher les fentes, c'est-à-dire de les calfater au moyen d'une composition formée de colle forte très chaude, dans laquelle on plonge de l'étoupe bien effilée ; on en remplit les fissures en forçant

---

(1) Ces opérations sont décrites plus en détail dans le *Manuel du Peintre en Voitures.* (Encyclopédie-Roret),

avec une lame dans les parties creuses, on enlève ensuite les parties superflues, comme on l'a fait pour les trous remplis de mastic, et l'on passe à la ponce.

Cette opération faite, on prépare le bois à recevoir les *couches d'apprêt*, destinées à empêcher le bois de recevoir l'humidité, en passant deux couches d'huile de lin mêlée de céruse ; il va sans dire que, pour ces couches comme pour celles qui concernent les couleurs et les vernis, elles ne doivent être posées que quand la précédente est entièrement sèche, ce qui se reconnaît en y passant la tranche de l'ongle, qui ne doit y laisser aucune trace. L'apprêt est composé de terre d'ombre et de jaune d'ocre bien broyés avec de l'huile de lin et de l'essence de térébenthine, de manière que l'apprêt puisse s'étendre facilement sur les surfaces plates dans tous les rentrants. On applique jusqu'à sept ou huit couches sur les parties qui doivent le plus fatiguer, et l'on ponce.

Les praticiens composent aussi la première couche de fond, pour les fonds jaunes, avec de l'huile de lin et de la céruse broyée finement, à laquelle on ajoute du noir de fumée, pour pousser la teinte au gris, et un peu d'essence siccative. Si la caisse doit être rouge, on ajoute à la céruse un peu de vermillon.

L'opération du ponçage peut se faire avec moins de soins que pour les petits objets, puisqu'il s'agit de surfaces plus grandes, qui, par l'usage auquel elles sont destinées, sont moins délicates. Quelques praticiens les poncent à l'eau, à l'essence et au papier de verre pour activer le travail ; mais ces procédés ont quelquefois pour résultat d'égratigner la couleur ; nous conseillons de ne se servir que de pierre ponce, dont on doit avoir un assortiment. Les pierres tendres doivent servir pour les apprêts durs et les pierres dures pour les apprêts ten-dres ; les unes doivent être plates, d'autres rondes et de différentes grosseurs, d'autres enfin anguleuses afin de pénétrer plus facile-ment dans les angles rentrants.

Si, durant l'opération, on s'aperçoit qu'une pierre perd son mordant, on le lui rendra en la frottant contre une autre pierre ponce ou con-tre une brique.

La pierre doit passer dans toutes les parties destinées à être recouvertes de couleur, et comme, sur de si grandes surfaces, on peut ou-blier quelques parties, on s'assure des manques qui ont été faits en passant de l'eau avec une éponge : les parties oubliées apparaissent ru-gueuses ; on laisse sécher et l'on y passe la ponce.

Quand les premières couches de fond sont données, on passe une couche délayée de noir de fumée, si les couches de teinte doivent être noir d'ivoire, brun, bleu foncé, vert foncé, ou de teinte foncée ; si elles doivent être jaune, rose, rouge, vert ou bleu clair, cette couche sera blanche.

Les dernières couches données aux voitures, qu'on appelle aussi *couches de teinte* ou *couches de couleur*, doivent être parfaitement homogènes et étendues, sans aucun miroitement dans la teinte ; aussi emploie-t-on des couleurs très finement broyées avec de l'huile de lin siccative et de l'essence de térébenthine. On donne deux ou trois couches et l'on y ajoute du vernis copal.

Si l'on veut donner un glacis, on pose deux ou trois couches de ce glacis broyé avec l'essence de térébenthine et le vernis gras, qui donne à la peinture parfaitement séchée l'aspect d'une couleur recouverte d'une glace.

La couche définitive est poncée avec la pierre ponce réduite en poudre impalpable et la prêle, de manière à ne laisser aucune trace ; elle est ensuite lavée à l'eau pure et essuyée avec une peau de chamois.

Ces opérations terminées, on passe aux ornements qui constituent ce qu'on appelle *les réchampissages*. Les plus simples des ornements que l'on peint sur les voitures sont les filets. On se sert pour cela de couleurs broyées avec soin à l'huile siccative et à l'essence de térébenthine avec addition de sous-acétate de plomb, que l'on applique avec des pinceaux spéciaux appelés pinceaux à filets. L'ouvrier qui fait ce genre d'ornement l'applique d'habitude à main levée, sans aucune espèce de règle. On comprend toute la sûreté de main et la dextérité qu'exige un pareil travail, pour arriver à cette netteté que nous voyons sur les voitures les plus simples. Nous reviendrons plus loin sur cette opération et nous indiquerons un nouveau moyen de l'obtenir mécaniquement.

Il ne reste plus qu'à s'occuper des chiffres, lettres et armoiries qui doivent être dorés. On en prépare le fond avec une couleur composée de céruse, d'ocre jaune, broyées avec un vernis siccatif très clair, qui est parfaitement sec en vingt-quatre heures et qui peut alors recevoir l'application du dessin.

IV. VERNISSAGE DES OBJETS EN MÉTAL

Si le vernissage des objets en bois est presque toujours le même, il n'en est pas de même de celui des métaux.

La tôle. — Le métal le plus employé pour la fabrication des objets généralement répandus dans le commerce est la tôle. Nous supposons ici le cas le plus défavorable, où la tôle est livrée à l'état brut. Il faut d'abord l'unir au laminoir si elle n'est pas travaillée, et dans tous les cas, la poncer fortement à la pierre dure et la baigner d'une large couche de vernis siccatif à l'huile de lin. On passe ensuite au fond poncé, auquel on donne successivement cinq à sept couches successives, chaque couche n'étant appliquée que quand la précédente est complètement sèche, puis on polit avec soin à la ponce. Cette première opération terminée, on applique la couleur définitive broyée à l'huile siccative et à l'essence de térébenthine avec addition de copal ; trois ou quatre couches suffisent. Ce procédé rend la couche de couleur très dure, ce qui permet de la poncer jusqu'à ce que la surface présente l'aspect d'un miroir ; on peut alors y appliquer les décors ; après quoi, on passe un vernis et l'on ponce une dernière fois avec de la ponce finement pilée, semée sur un feutre ; on frotte ensuite à la peau de chamois.

Le fer-blanc, le fer ou *l'acier* sont traités d'une manière analogue, mais ils exigent moins de couches successives. Quand la couleur est appliquée, une simple couche d'huile de lin suffit. Le travail est ensuite terminé comme nous l'avons indiqué plus haut.

Le cuivre, le zinc et *le laiton*, qui sont souvent soudés, et, par cette raison, enduits d'essences grasses, doivent être au préalable dégraissés avec de la sciure de bois ; on y applique ensuite les couleurs en employant les vernis gras, c'est-à-dire en y mêlant le moins possible d'essence de térébenthine et en faisant chauffer à une chaleur de 20° environ. Le reste de l'opération se fait comme ci-dessus.

CHAPITRE VI
Décors

—

I. DÉCALQUAGE

Décalquage d'anciennes épreuves

Toutes les épreuves imprimées sur papier et avec des couleurs lithographiques peuvent être décalquées, mais sur des fonds toutefois plus clairs que la couleur de l'épreuve. Si, par hasard, l'épreuve se trouve tirée en noir et que l'on opère sur un fond de même couleur, naturellement on ne verra pas le moindre dessin ; les fonds qui conviennent le mieux sont : les fonds blancs, lilas ,roses, bleu de ciel, vert clair, jaunes, rouges, orange et un grand nombre de teintes et de demi-teintes.

Les dessins ou épreuves qui se trouvent dorés ou bronzés peuvent également être décalqués sur tous les fonds.

Pour décalquer une épreuve quelconque, on procède de la manière suivante :

L'objet sur lequel on veut décalquer doit avoir reçu deux couches d'une des couleurs ci-dessus préparée en positive ; après quoi, l'on ponce.

Ainsi préparé, il reçoit une couche de copal fin, et on le laisse exposé à l'air jusqu'à ce que ce vernis soit presque sec et ne colle plus que légèrement. En cet état, l'épreuve est posée sur l'objet dans les conditions voulues ; on mouille alors légèrement cette épreuve avec une éponge imbibée d'eau, afin qu'elle adhère bien exactement ; puis, avec le rouleau, on roule sur l'épreuve en tous sens, jusqu'à ce qu'on ne voie plus de plis. On laisse l'objet en repos jusqu'à ce que le papier soit parfaitement sec ; après quoi, on l'humecte de nouveau et l'on frotte avec le bout des doigts sur le papier afin de l'enlever complètement. On aperçoit bientôt le dessin très net, transporté sur l'objet, mais dans le sens inverse. On lave à grande eau, parce que le papier forme de petites boulettes qu'il faut faire disparaître ; sans cette précaution, il se trouverait recouvert de petits grains et présenterait alors une surface défectueuse.

Lorsque l'objet a été soigneusement débarrassé du papier et lavé, on le porte à l'étuve pour le sécher ; après quoi, l'on donne une couche de copal, et, lorsque cette couche est bien sèche, l'on ponce. Ce ponçage est nécessaire, parce que, malgré toute la précaution possible, on ne peut entièrement débarrasser l'objet du papier, qui formerait alors des grains. Enfin, on donne une dernière couche de copal pour fixer et donner le lustre et le poli.

Ainsi que nous l'avons dit, le décalque ainsi obtenu fournit le dessin de l'épreuve à l'envers, aussi ne peut-on appliquer cette méthode qu'à des dessins présentant une parfaite symétrie par rapport à un axe. En un mot, on ne peut prendre que des épreuves dont le dessin n'ait ni envers ni endroit.

Décalquage par le procédé Dupuy

On ne peut employer ce procédé que sur des fonds clairs et même on ne le peut pas sur tous, cela dépend de la composition du dessin ou du sujet ; mais ce mode de décalquage n'est guère applicable que sur fond blanc (Voyez la manière de produire le blanc).

Dans ce procédé, comme dans le précédent, on choisit le fond contraire à la couleur de l'épreuve, c'est-à-dire foncé sur clair.

Il est bien entendu que dans ce procédé, les épreuves sont tirées en noir, coloriées ou dorées, sur un papier préalablement préparé. Ces épreuves s'achètent dans tous les grands magasins de fournitures de bureau et s'appliquent de la manière suivante :

On prend un pinceau de putois, de la grandeur proportionnée au dessin, et, au lieu de vernir l'objet comme dans le procédé précédent, on vernit l'épreuve sur toute sa surface avec du vernis extra-superfin ; lorsque la couche est à moitié sèche, on applique l'épreuve sur l'objet, et on la mouille avec une éponge, mais aussi légèrement que possible ; puis, avec la roulette, on roule en tous sens afin que le dessin reste bien adhérent à l'objet. Lorsqu'on juge que le dessin a bien pris partout, on mouille abondamment le revers de l'épreuve, l'eau passe à travers le papier qui se détache facilement de l'objet sur lequel le dessin est transporté. On le met alors à l'étuve pour sécher et l'on donne une couche de copal pour fixer.

Décalquage d'impressions fraîches

Avec ce genre de décalquage, on peut opérer sur tous les fonds (Voir le chapitre IV, pour la manière d'obtenir les différentes nuances).

On choisit un fond quelconque, que l'on ponce, parce qu'on n'obtient qu'avec difficulté un décalquage net sur une surface qui n'est pas lisse et brillante.

Les dessins doivent avoir été dessinés sur pierre, et, pour la forme de l'objet à décalquer, on tire les épreuves sur papier pelure. Pendant que le dessin est encore frais, on l'applique avec soin dans les conditions voulues ; on roule bien uniformément sur sa surface, afin que le dessin encore humide se détache du papier et s'attache à l'objet ; on laisse alors sécher à l'air et à l'abri de la poussière, afin qu'il ne colle plus que légèrement. Ensuite on bronze ou l'on dore (voyez plus loin les procédés de bronzage et de dorure) et l'on porte l'objet à l'étuve pour sécher ; après quoi on fixe avec du vernis fin à polir.

Ce mode de décalquage ne peut être pratiqué que si l'on possède une presse lithographique et un ouvrier lithographe intelligent et capable.

Décalquage au blanc de Troyes

Si l'on a un dessin pour modèle et que l'on veuille, sans dépenser beaucoup de temps, en avoir une copie fidèle, on prend une feuille de papier à calquer ou si l'on n'en a pas une feuille de papier mince que l'on huile ; on la pose sur le dessin, et alors les traits apparaissent à travers (le papier après avoir été huilé sera séché avant de servir) ; puis, avec un crayon, on suit exactement les traits, et, après cette opération, on blanchit le revers de la feuille avec du blanc de Troyes ou de la craie pulvérisée très fine. On applique alors le papier sur l'objet, et, avec une pointe sèche, ou une plume de porc-épic, on suit les traces du dessin, qui se décalque à la surface ; enfin on enlève la feuille de papier.

D'un autre côté, on prend un petit pinceau en plume, très fin et destiné spécialement à cet usage, et de la mixtion à dorer ; on trempe ce pinceau dans cette mixtion, et l'on suit de nouveau, mais cette fois avec le pinceau imbibé d'un corps gras, les traces qui ont été décalquées sur l'objet ; après quoi, on met celui-ci à l'abri de la poussière et à l'air, jusqu'à ce que le dessin ne colle plus que légèrement ; on peut alors le dorer ou le bronzer.

En parlant de la dorure et de l'argenture à la mixtion, nous ferons connaître tous les détails pour l'entretien de celle-ci.

II. NACRÉ

Ce procédé n'est employé que pour les objets de prix ; il doit être exécuté avec beaucoup de précaution, parce que c'est un travail très délicat.

On ne peut guère se procurer de bien grandes feuilles de nacre, parce que, dans le commerce, elles sont découpées pour en faire des fleurs ou d'autres ornements ; mais l'on en trouve chez les fabricants de vernis.

Si l'on préférait préparer et composer les

bouquets soi-même, on demanderait de la nacre en feuilles.

D'un autre côté, on débarrasse des rouilles l'objet sur lequel on veut opérer, et on lui donne une couche assez épaisse de noir de fumée, préparé en positive ; pendant que cette couche est encore mouillée, on applique le bouquet ou la composition dans ce noir et on le laisse sécher à l'air pendant quelques heures, ensuite on le porte à l'étuve. Quand il est sec, on donne une autre couche de même noir à toute la surface, sans craindre d'en mettre sur la nacre, et après un second séchage, on ponce l'objet, afin d'enlever les grains produits par la poussière. On aura soin de poncer plus fort sur la nacre, afin d'enlever complètement le noir et de la mettre à nu. On donne ensuite deux couches de vernis noir du Japon, sans craindre encore d'en mettre sur la nacre, et enfin une couche de copal. On ponce de nouveau comme nous l'avons dit, en ayant soin, à chaque ponçage, de mettre la nacre à nu. Après ces opérations, l'objet est prêt à être décoré et peint (Voir le chapitre IV pour la manière d'orner un objet).

On est obligé d'appliquer la nacre dans la couche de peinture encore mouillée pour éviter les hauteurs qui se produiraient sans cette précaution.

III. IMITATION DE NACRÉ

Il existe un genre de peinture de fleurs sur or et argent qu'on appelle imitation de nacré. Voici comment l'on opère pour produire cette imitation :

Lorsqu'on a sur une feuille de papier composé le bouquet dont on veut décorer l'objet, on suit avec un morceau de craie appointé tous les traits que l'on avait préalablement tracés au crayon, puis on applique le côté dessiné de la feuille sur la surface à décorer, et, avec le plat de la main, l'on frotte sur le revers de la feuille ; le dessin reste sur l'objet ; on époussète ensuite légèrement avec un plumeau, afin de ne pas effacer les lignes du dessin. On prend alors un petit pinceau, trempé dans du vernis copal n° 1, auquel on a ajouté un quart d'essence de térébenthine et l'on suit de nouveau les traits, mais en plein et sans ménager les jours. Après un quart d'heure ou vingt minutes, on peut dorer ou argenter avec de l'or ou de l'argent en feuilles ; on frotte légèrement avec un morceau d'ouate, afin qu'il ne reste de l'or que sur les parties qui ont été couchées.

Nous ferons remarquer que l'on ne doit pas dorer les fleurs qui sont destinées à devenir bleues ; elles doivent être argentées, parce que, l'or étant jaune, si l'on couvrait sa surface d'une négative bleu d'outremer ou bleu de Prusse, on aurait une fleur verte et non bleue ; au contraire, pour le rouge, le jaune et le vert, on devra dorer de préférence.

IV. DORURE ANGLAISE

Dorure à la mixtion

La mixtion est composée d'huile de lin, à laquelle on a mêlé de la litharge en poudre, qu'on a fait bouillir pendant au moins cinq ou six heures sur un feu modéré ; lorsqu'elle est cuite, on enlève cette huile du feu, on la laisse refroidir puis bien clarifier ; on peut ensuite s'en servir.

Opération. — Lorsqu'on veut dorer, on délaie de cette mixtion avec de l'essence de térébenthine pour lui donner la fluidité voulue, et l'on en couvre la surface en partie ou en entier. On laisse sécher l'objet à l'air du jour au lendemain, puis on peut dorer avec de l'or véritable en feuilles ou de l'or faux rebattu. On peut aussi bronzer par ce procédé.

Lorsque le décor ne colle plus que légèrement, on prend un coussin de doreur, sur lequel on étend aussi adroitement que possible les feuilles d'or, avec un couteau destiné à cet usage ; on coupe ces feuilles d'or selon la composition du dessin à recouvrir (afin d'épargner l'or), puis avec un pinceau de fouine long, large et mince, on prend l'un après l'autre les morceaux d'or découpés, en ayant soin, toutes les fois que l'on voudra enlever une fleur nouvelle de passer le pinceau sur le front, qui se trouve toujours un peu gras par la transpiration, ce qui facilite l'enlèvement de l'or sur le coussin, pour l'appliquer sur les diverses parties du décor. On peut aussi passer le pinceau sur la joue droite qu'on a eu soin de graisser avec un peu de suif.

Lorsque tout le décor est recouvert d'or, on frappe légèrement à la surface avec un morceau de coton fin, afin que l'or adhère bien uniformément, et lorsqu'on juge qu'il est bien pris, on fait circuler légèrement ce même morceau de coton pour enlever l'or de dessus les parties non enduites de mixtion ; après quoi, on époussète avec un plumeau. On met sécher à l'étuve, et ensuite on peut fixer avec du vernis copal fin à polir.

Il en est de même pour l'argenture.

Dorure brillante imitant la dorure anglaise

Ce mode de dorure est employé avec beaucoup de succès dans la peinture sur métaux, parce qu'il a pour effet de conserver la beauté et le brillant de l'or, et à cause de la facilité du séchage.

Opération. — On met dans un litre d'eau fraîche 50 grammes de gélatine ou de colle de poisson ; on la laisse reposer, puis après on la filtre à travers un morceau de soie fine ; on y ajoute plus tard quelques gouttes d'esprit-de-vin, parce que toutes les colles en général ont le défaut d'avoir de l'odeur et ne sont plus alors aussi propres au service qu'on doit en attendre ; puis comme dans le précédent article, on couvre soit en partie, soit en entier, la surface à dorer.

Il ne faut pas se contenter de ce que nous venons de dire ci-dessus : il y a encore d'autres opérations à faire, parce qu'en cet état l'or n'a pas grande adhérence ; nous les décrirons à mesure que nous aurons à parler de chacune d'elles.

V. DORURE ET ARGENTURE DE L'INTÉRIEUR DES OBJETS

Elsner a trouvé un moyen de dorer et d'argenter le dedans des objets sans avoir besoin de garantir leur surface extérieure avec un enduit résineux. C'est là un avantage très appréciable ; la manipulation devient plus facile, et l'on ne court plus le risque de tacher les objets. Nous reproduisons les termes mêmes dans lesquels il rend compte de ce procédé.

« Je prends, dit-il, un morceau de vessie, j'en forme un sac dans lequel je suspends un morceau de zinc soudé à un fil de platine, de maillechort ou de cuivre, assez long pour former plusieurs tours sur la surface extérieure de l'objet dont on veut dorer l'intérieur. Je mets dans ce sac une solution concentrée de sel marin qui doit recouvrir le zinc de quelques millimètres. Après avoir versé le liquide aurifère dans le vase, je suspends le diaphragme en vessie dans ce liquide, en ayant soin qu'il soit distant de quelques millimètres des parois du vase. J'enroule alors le fil métallique qui sort du diaphragme et je forme plusieurs révolutions sur le bord extérieur du vase. Toutes ces dispositions prises et après quelques minutes d'immersion du diaphragme dans le vase, on le lave bien avec de l'eau froide. Dès la première immersion, il se forme une couche d'or, qu'on n'aura qu'à polir soigneusement avec de la pâte de crème de tartre pour lui faire prendre une belle couleur jaune foncée. En répétant à différentes reprises l'immersion du diaphragme dans la solution d'or, on arrive à dorer l'intérieur du vase sans avoir besoin de recourir à aucun appareil ; on termine en polissant la dorure, et l'on obtient le même degré de poli et la même couleur qu'avec la dorure au mercure. Si l'on laissait trop longtemps le diaphragme dans le bain d'or, la dorure présenterait un aspect d'un jaune brun sale ; mais on fait revenir la couleur jaune d'or pur en polissant immédiatemént avec la crème de tartre ».

Voici maintenant la composition du bain d'or et celle du bain d'argent :

Composition du bain d'or

Le bain d'or d'Elsner se compose comme suit :

On prend 1 partie de chlorure d'or, 10 parties de cyanoferrure jaune de potassium, 100 parties d'eau et 4 à 5 parties de carbonate de soude cristallisé pur.

On dissout le chlorure d'or d'une part, et de l'autre le carbonate de soude dans un peu d'eau; l'on verse ensuite peu à peu quelques gouttes de la solution de carbonate de soude dans celle de chlorure d'or, en agitant avec une baguette de verre jusqu'à cessation de toute odeur d'acide chlorhydrique et jusqu'à ce que le liquide ramène au bleu le papier de tournesol rougi par un acide.

On dissout, d'un autre côté, le cyanure jaune avec le reste de l'eau, dans une éprouvette, dans un flacon de verre ou dans un vase de porcelaine, à la chaleur d'un feu direct très modéré, et l'on verse cette solution dans la première. Il se forme un mélange trouble d'un vert sale, que l'on fait chauffer jusqu'au point de l'ébullition, en y ajoutant peu à peu la portion de carbonate de soude dissous qui n'a pas été employée. La liqueur s'éclaircit en déposant un précipité rouge insoluble, et elle devient d'une belle couleur jaune d'or pur. Alors on retire du feu l'éprouvette ou le vase de porcelaine, et l'on verse le liquide dans un vase de verre profond et étroit, afin que la substance insoluble se dépose au fond et que la liqueur claire qui surnage puisse être décantée sans se troubler. On pourra filtrer au papier ce qui restera de trouble et mélanger ensuite ce qui s'écoulera avec l'autre solution.

Composition du bain d'argent

Le liquide servant à argenter se prépare en faisant dissoudre 30 grammes de nitrate d'argent cristallisé dans 1,000 grammes d'eau distillée ou de pluie ; on ajoute à cette solution une dissolution de cyanure de potassium, jusqu'à ce qu'un dépôt de cyanure d'argent, qui se forme au commencement, soit complètement redissous, et que la liqueur présente une limpidité parfaite. On peut faciliter la redissolution de ce précipité en agitant la liqueur avec un tube de verre. Ordinairement, Elsner ajoutait à ce composé, avant de s'en servir, une solution aqueuse de carbonate de soude cristallisé, en quantité suffisante pour lui communiquer une réaction alcaline très marquée, de manière qu'il puisse faire passer au bleu le papier de tournesol rougi par un acide. Il arrive quelquefois que le précipité ne se dissout pas complètement et que la liqueur ne reprend pas sa limpidité, surtout lorsqu'on a ajouté un excès de cyanure de potassium. On ne doit donc employer que 2 à 3 parties de cyanure pour 1 partie de nitrate d'argent. Dans tous les cas, si en ajoutant le cyanure, le précipité ne se dissolvait pas, on filtrerait la liqueur et l'on n'emploierait à l'argenture que la partie claire.

Le résidu insoluble qui reste sur le filtre et qui se compose ordinairement de cyanure et de carbonate d'argent, peut être réduit en argent métallique par l'incinération ; il faut donc le recueillir avec soin. Le cyanate et le carbonate d'argent sont tous deux insolubles par le cyanure de potassium, même en excès ; et voilà pourquoi la liqueur ne reprend pas toujours sa transparence.

Le procédé Elsner ne ressort pas, il est vrai, du métier du peintre et du vernisseur, mais plutôt de l'art du galvanoplaste. Nous avons tenu cependant à le signaler ici, parce qu'il peut être appliqué par le peintre vernisseur dans des cas exceptionnels. Mais si ce genre de travail devenait trop fréquent ou trop important, nous ne saurions donner de meilleur conseil que celui de le confier au galvanoplaste, qui le réalisera toujours mieux et à meilleur compte.

VI. BRONZAGE

Bronzage au bronze

Les positives pour le bronzage sont préparées comme nous l'avons dit. On donne d'abord deux couches d'une couleur quelconque ; la première couche est séchée entièrement, mais la seconde doit encore coller un peu pour que le bronze tienne ; enfin l'on a soin de la laisser sécher à l'air libre jusqu'à ce que la peinture se présente dans les conditions convenables.

On applique la peinture et le bronzage à une variété considérable d'objets. Pour nous faire mieux comprendre, nous choisirons comme exemple un candélabre, sur lequel on applique différents décors en relief, qui ordinairement sont seuls bronzés. Lorsque la couleur est presque sèche, on se met à l'œuvre : on opère en trempant le doigt dans le bronze, et en le promenant légèrement à la surface des dessins en hauteur, et lorsque le bronze est sec, il reçoit une couche de copal qui le fixe.

Bronzage par les couleurs sèches sur les positives

Lorsqu'on opère sur un fond clair, on peut se servir des négatives, et, sur les fonds foncés, des positives plus claires.

On prépare une positive dans un ton, teinte ou demi-teinte quelconque, soit : rose (mélange de carmin et de blanc de céruse), violet clair (mélange de blanc, carmin et bleu d'outremer), gris (mélange de blanc et de noir), etc. L'on donne deux couches et l'on fait complètement sécher à l'étuve la première couche ; la seconde couche doit être séchée à l'air, et, de même que pour le bronzage au bronze, il ne faut pas qu'elle soit entièrement sèche, il faut, comme l'on dit en terme de métier, que la teinte *poisse* légèrement.

Si l'on veut bronzer sur un fond rose, on écrase à sec du carmin ou laque carminée qu'on a passé au tamis de soie ; d'un autre côté, on dispose plusieurs pinceaux qui n'ont pas encore servi, dans des couleurs préparées, et qui sont destinés spécialement à cet usage. On se sert ordinairement de petits pinceaux en plume. On frotte légèrement le pinceau dans le carmin, puis on se met à ombrer en commençant par le bas, afin que l'ombre se perde insensiblement vers le haut.

Nous ferons remarquer que lorsqu'on opère sur un fond clair, il faut que le bronzage se fasse de bas en haut, et, sur les fonds foncés, de haut en bas ; lorsque la couleur avec laquelle on veut bronzer est plus claire que le fond, on opère aussi de haut en bas.

Bronzage au pinceau par les couleurs préparées

Nous ferons ici les mêmes observations que ci-dessus pour ce mode de bronzage ; seulement, au lieu d'opérer avec les couleurs sèches, les couleurs sont préparées de la manière suivante :

Les deux couches de positive, qu'on a choisie, sont portées à l'étuve et séchées complètement ; après quoi, on prépare la couleur destinée au bronzage, qui n'est autre chose que l'une des positives en état de conservation ; quant aux négatives, on doit y ajouter un peu d'huile de lin cuite.

On lie avec une ficelle un pinceau de putois, destiné à ce bronzage, en laissant encore à peu près un centimètre de poil libre. On a sa couleur toute préparée pour le bronzage sur une platine de verre fort, d'environ 30 centimètres carrés ; puis le pinceau de putois, dont il vient d'être question, est trempé légèrement dans la couleur, dont on prend très peu à la fois ; on commence alors à taper vers la partie supérieure de l'objet, en laissant perdre graduellement de sa force à la couleur qui doit devenir presque insensible vers la partie inférieure.

Bronzage des ornements

Lorsque l'objet a reçu son décor à la mixtion et lorsqu'elle ne colle plus que légèrement, on prend un morceau d'ouate fine, on le trempe dans du bronze jaune, blanc ou rouge (cela dépend de la couleur que l'on veut donner au décor), et l'on passe sur les parties enduites de mixtion, puis on laisse sécher à l'air pendant quelques héures ; après quoi, on lave avec une éponge et de l'eau pour enlever le bronze, qui reste légèrement adhérent à l'objet à côté du dessin.

VII. FILETS

Les filets font aussi partie de l'ornementation ; on les fait à la couleur, dorés ou argentés ; ils ne peuvent être appliqués avec quelque soin que sur une surface qui a reçu déjà certaines préparations, c'est-à-dire au moins deux couches de positive, et qui a été poncée.

Filets au moyen des positives

Nous ferons remarquer que les positives qui doivent servir à faire les filets, doivent être parfaitement broyées.

On peut se servir de toutes les positives pour faire les filets et les prendre en état de conservation ; mais, lorsqu'on voudra en faire usage, on devra y mêler un peu d'essence de térébenthine et les délayer au moyen de la spatule.

D'un autre côté, on aura de petits pinceaux de différentes épaisseurs, appelés traînards, dont les poils peuvent avoir 4 à 5 centimètres

de longueur et une épaisseur relative à la grosseur des filets que l'on veut faire. Si l'on
n'avait que des gros traînards et que l'on veuille
au moyen de ces gros pinceaux, faire de petits
filets, on en diminuerait l'épaisseur en les coupant tout autour au moyen d'un canif jusqu'à
ce qu'on juge qu'ils ne soient plus trop gros.

Tout étant ainsi préparé, on met l'une des
positives, préparée comme ci-dessus, sur un
morceau de verre, puis le traînard est trempé
dans ladite couleur jusqu'au tiers environ de la
longueur des poils, afin qu'il soit imprégné bien
uniformément ; on n'a plus ensuite qu'à poser
le pinceau par la pointe sur l'objet en le laissant
se coucher insensiblement en arrivant vers la
fin du filet. Lorsque la couleur contenue dans
les poils du pinceau est épuisée, on le trempe de
nouveau dans cette couleur jusqu'à ce que le
filet soit terminé. On aura soin toutefois de
laver de temps en temps le pinceau dans
l'essence de térébenthine et d'en ajouter aussi
une petite quantité à la couleur, afin de la
maintenir bien fluide : il ne faut pas cependant
qu'elle soit trop liquide ni trop épaisse, on doit
savoir trouver un juste milieu. Si, lorsqu'on
veut suivre un filet, on n'est pas bien sûr de le
faire régulièrement, on aura soin de tracer la
ligne avec un compas, ou avec une règle et un
crayon ; tous ces petits inconvénients ne se
rencontrent que lorsqu'on a un travail assez
long à exécuter. On fixe aussi avec du vernis
copal. Nous indiquerons l'utilité du filet dans
la deuxième partie de cet ouvrage, ainsi qu'un
moyen pratique d'obtenir mécaniquement les
filets avec la plus grande régularité.

Filets dorés

Les filets dorés ne diffèrent en rien de ceux faits avec les positives ; seulement, au lieu d'être faits aux positives, ils sont faits avec un mordant appelé mixtion, dont nous donnons la préparation au chapitre V, qui traite des vernis.

On retire une partie de cette mixtion du vase dans lequel on l'avait déposée, puis on la rend applicable en y ajoutant de l'essence de térébenthine.

Les filets étant faits avec cette mixtion doivent être abandonnés au repos jusqu'au lendemain ; après quoi, on peut les bronzer, les dorer ou les argenter.

CHAPITRE VII

Du noir recuit et du bronze florentin

—

SOMMAIRE. — I. Four au noir. — II. Noir recuit. —
III. Bronze florentin

I. FOUR AU NOIR

Pour mettre en pratique ces deux procédés,
il faut une étuve *spéciale*.

Les figures 4 et 5 représentent un four au noir
vu devant et derrière. Ce four peut avoir 1ᵐ 50
de longueur sur 0ᵐ 80 de largeur, et il est bâti
en briques.

L'ouverture A, où l'on fait le feu, est voûtée
et pourvue d'une grille pour laisser échapper
les cendres et le mâchefer de la houille ; à partir
de cette voûte, on ménage d'autres ouvertures
de distance en distance, afin que l'intérieur de
l'ouverture C (fig. 5), soit également chauffé
en tous sens.

Notons bien que les ouvertures où la chaleur
doit passer doivent se trouver entre deux couches de briques.

Sur la voûte où l'on fait le feu est disposé un
taquet en fonte pourvu de deux petits rails sur
lesquels roule le chariot (fig. 6).

Enfin, la fumée s'échappe par l'ouverture B,
qu'on munit d'une petite cheminée de tirage
(fig. 7).

Devant l'ouverture C, on doit ajuster une

table de la longueur du chariot, munie de deux petits rails en rapport avec ceux du four, de manière qu'en retirant le chariot il puisse refroidir ainsi que les objets qu'il porte.

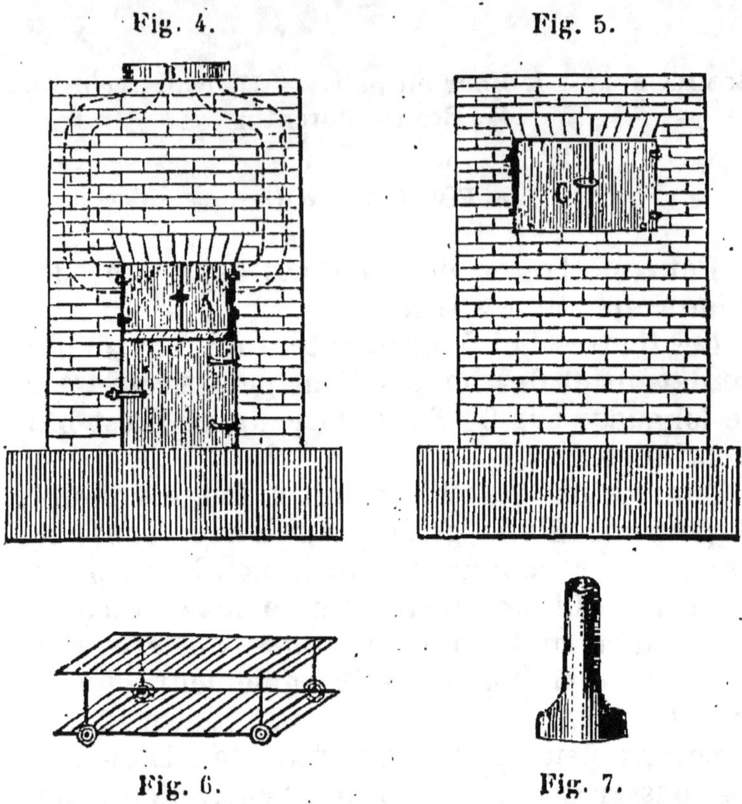

Fig. 4.   Fig. 5.

Fig. 6.   Fig. 7.

II. NOIR RECUIT

Le noir recuit et le bronze florentin ne sont applicables que sur des objets qui n'ont pas de soudures et ne sont pas en fer-blanc, parce que ces objets étant soumis à une haute température, l'étain qui se trouverait à la surface commencerait à couler, et il en serait de même des soudures.

Ces peintures ne devront être faites que sur des objets qui sont sujets à être approchés du feu ou à en contenir, tels que les brûloirs à café, les réchauds, les chaufferettes, etc.

On procède de la manière suivante quand il s'agit du noir. On donne une couche de black, qui n'est autre chose que du goudron de gaz rectifié, auquel on ajoute pour l'éclaircir un peu d'essence minérale, puis on met sécher à l'étuve dont on vient de donner la description jusqu'à ce que la couche qui paraissait d'abord brune, soit devenue complètement noire, par l'action de la température élevée de l'étuve qui monte de 60 à 70 degrés. On donne alors une seconde couche de black, et, après un même séchage que le précédent, l'objet est terminé ; on a alors un noir parfaitement solide.

III. BRONZE FLORENTIN

Le bronze florentin ne s'applique, comme le noir recuit, que sur les objets qui sont exposés à être approchés du feu ou à contenir des matières enflammées.

Pour bronzer un objet en bronze florentin, il faut que la surface soit parfaitement polie ; d'ailleurs, on ne peut appliquer ce procédé que sur des objets en tôle ou en cuivre, car sans cette précaution, la moindre tache serait visible à travers le bronzage, qui doit être d'un brun rougeâtre et bien transparent.

On se procure du bon vernis à l'ambre et l'on en donne à l'objet à bronzer une couche qui est

presque invisible, puis on porte celui-ci à
l'étuve, où on le laisse jusqu'à ce que cette
couche ait jauni et qu'elle soit devenue un peu
brunâtre. Après ce séchage, on donne une
seconde couche et l'on recommence à observer
attentivement l'objet, jusqu'à ce que la surface
paraisse être assez foncée ; les variations du
rouge ou du brun, ou du ton de la couleur, sont
des affaires de goût ; c'est l'ouvrier seul qui
dispose de la couleur, en observant le plus ou
moins de temps qu'il faut laisser l'objet exposé
à la chaleur. Après ce séchage, l'objet est bronzé
et terminé.

CHAPITRE VIII

Opérations pratiques et finissage

—

Nous croyons avoir décrit à peu près tous les procédés employés en peinture sur métaux. Mais cette description ne nous paraissant pas suffisante pour un exécutant inexpérimenté, nous avons trouvé utile de reprendre chaque objet séparément et par ordre alphabétique, afin d'en rendre les manipulations faciles et de décrire les genres de peinture et de couleur qui leur conviennent, puis enfin, d'entrer dans des détails sur le finissage que nous n'avons pas encore décrit.

Ces exemples n'ont rien d'absolu, nous les avons choisis parmi les objets les plus familiers et qui, en raison de leurs usages tout particuliers, peuvent fournir d'utiles indications au traitement d'objets similaires.

Arrosoir d'appartement

L'arrosoir d'appartement n'est pas un objet sur lequel on fait des peintures bien délicates. Les couleurs qu'on lui donne le plus communément sont : le vert, le rouge et le bleu.

Opération. — Lorsqu'il aura été déroché et poncé, on consultera les procédés décrits pour obtenir les couleurs vives. Après chaque couche, l'objet devra être porté à l'étuve ; ce n'est que lorsqu'il sera entièrement achevé que l'on peindra l'intérieur en lui donnant deux couches de minium ou vermillon préparé en positive. Lorsque ces deux couches seront sèches, on pourra faire un filet sur le bord, soit jaune lorsque le fond est vert ou rouge, soit rouge ou jaune lorsque le fond est bleu.

Nous avons décrit plus haut la préparation des positives pour filets et la manière d'obtenir les filets dorés.

Lorsqu'on ne fait des filets que sur les bords des objets, il n'est pas nécessaire de donner une couche de copal à la surface.

On peut aussi moirer, jasper ou décorer l'arrosoir, en suivant les procédés déjà décrits.

Broc

Le broc est un vase conique, dont on se sert dans presque tous les ménages, pour approvisionner d'eau les appartements. On en fait aussi de bombés, qui servent dans les brasseries à débiter la bière.

Le broc se faisait anciennement en bois et était naturellement très massif et très lourd ; celui en fer-blanc ou en tôle est donc bien préférable, car il est infiniment plus léger. On peint ordinairement cet objet en bleu, ou en imitation de sapin ou de chêne. Nous décrirons cette dernière décoration.

Opération. — On donne deux couches de positive, dont nous avons décrit la préparation en parlant de la manière de faire le sapin ou le chêne. On trace alors au crayon des lignes verticales du haut en bas du broc pour imiter les douves, puis on fait le bois ; après quoi, on laisse sécher, ce qui demande un quart d'heure ; pour économiser une couche de copal, on pourra faire des filets de haut en bas, sur le faux bois, en ayant soin de ne point l'effacer, car il est fait avec des couleurs à l'eau. Lorsque les filets seront secs, on donnera une couche de positive noire au fond, puis ensuite une couche de copal à toute la surface.

Nous ferons remarquer que les objets en tôle ou en fer-blanc dans lesquels on met des boissons ne doivent pas être peints à l'intérieur, parce que les boissons prendraient une saveur peu agréable au bout d'un certain temps ; il est donc préférable que l'intérieur soit étamé.

Bain de pied

Le bain de pied se fait de forme ronde ou ovale et se peint à l'intérieur.

Le bain de pied se faisait autrefois en bois ; mais il est remplacé avantageusement par ceux en fer-blanc ; cet objet se peint en couleur bleue ou en ton bois, chêne, sapin ou érable, et les manipulations sont les mêmes que pour le broc ; seulement, lorsqu'on donne la première couche de positive, on applique aussi une couche de même couleur à l'intérieur, ordinairement du blanc, et c'est seulement lorsque l'objet a reçu la couche de copal que l'on donne à l'intérieur les deux dernières couches de blanc fin.

Quant à ce qui dépend des filets, nous renvoyons le lecteur à ce que nous venons de dire pour le broc.

Le bain de pied peut être jaspé, moiré,

trempé, granité, décoré ou orné dans n'importe quel genre. On peut consulter à ce sujet les procédés indiqués au chapitre IV.

Boîte à toilette, boîte à cigares, nécessaire pour dames, cassettes, etc.

Ces objets sont des articles de luxe, qui se peignent avec grand soin, et sur lesquels tous les procédés des chapitres V et VI peuvent être employés, c'est-à-dire les faux bois, le trempage, le moiré, la malachite, les couleurs naturelles et vives, le nacré, l'ornementation, la dorure et l'argenture.

Les objets ci-dessus se fabriquant généralement en fer-blanc, doivent par conséquent subir un ponçage, dont on trouvera les procédés au chapitre III.

Relativement à l'ornementation, nous allons entrer dans des détails assez étendus pour guider le lecteur dans les opérations successives. En prenant comme exemple l'un des objets décrits ci-dessus, qui se trouvent tous à peu près de la même catégorie, ce que nous dirons pour chacun d'eux servira d'exemple pour tous.

Du décor avec paysage

Les boîtes se peignent ordinairement en noir ou en bois foncés, tels que le palissandre et le noyer foncé.

Opération. — Lorsque l'objet a subi un ponçage par voie humide, on lui donne l'une des couleurs ci-dessus, par les procédés décrits au chapitre IV. En cet état, on peut le décorer, soit au moyen du décalquage à la presse, soit au moyen du décalquage d'anciennes épreuves ; mais, dans ce dernier cas, les épreuves devront être bronzées, argentées ou dorées sur le papier, parce qu'une épreuve en noir ne serait nullement visible, pas même sur une teinte claire. Après cette façon, on porte l'objet à l'étuve pour le sécher ; puis on donne une couche de copal et l'on ponce par voie humide. On applique ensuite une couche de positive blanche à l'intérieur ; lorsque cette couche est bien sèche, on retire l'objet, et, si l'on a ménagé une place au centre du dessin qui sert de décor pour y faire un paysage, on remplit cette place de blanc au moyen d'un petit pinceau, puis on porte de nouveau l'objet à l'étuve. Après le séchage, on ponce légèrement le blanc du centre, en ayant soin, toutefois, de ne pas toucher au décor ; on peint ensuite le paysage.

Remarque. — Pour peindre les paysages comme pour toute autre peinture artistique, il faut avoir fait préalablement des études sérieuses ; nous ne parlerons ici que de la peinture par routine ou des procédés que chacun peut exécuter sans grande connaissance. La peinture délicate ou par excellence, comme l'appellent beaucoup de vernisseurs, ne peut se faire qu'après bien des années d'étude ; c'est pourquoi nous ne nous occuperons que de la partie manuelle de cette opération.

Lorsque le paysage est sec, on donne une nouvelle couche de copal et l'on ponce ; on applique ensuite deux couches de blanc dit pour intérieur, auquel on a joint, soit un peu de bleu de Prusse pour lui donner un ton bleuâtre, soit de laque verte pour lui donner un ton verdâtre, soit du carmin pour avoir un léger rose ; quand ces deux couches sont sèches, on donne une dernière couche de copal, et après le séchage, on polit cette dernière couche.

On trouvera au chapitre V la nomenclature des vernis convenables pour les objets que l'on veut polir et les procédés employés pour le polissage.

Des fleurs

Les opérations et les procédés sont les mêmes pour faire des fleurs que pour les paysages ou autres sujets artistiques, seulement au lieu de tracer un paysage, on le remplace par un bouquet de fleurs ; nous allons à ce propos décrire quelques procédés faciles à exécuter et que chacun peut faire avec un peu d'intelligence.

Il faut chercher le plus possible à composer le bouquet avec des fleurs très simples ; par exemple, des fleurs peu compliquées telles que le myosotis, la marguerite, la pensée, la violette le muguet et autres.

Opération. — Le bouquet étant composé et tracé au crayon sur une feuille de papier, avec les contours des feuilles seulement, on prend un morceau de craie blanche dont la pointe est taillée finement, puis on suit exactement les traits du crayon avec cette craie, en ayant soin de faire des tracés aussi fins que possible ; ce dessin peut être employé plusieurs fois de suite sans recommencer à repasser de la craie. On pose alors le dessin bien au centre de l'objet, le côté dessiné sur l'objet, ou, dans d'autres conditions, bien à la place où l'on veut l'imprimer ;

après quoi on passe légèrement le plat de la main, puis au fur et à mesure que le blanc devient faible sur le papier, on frotte plus fort, parce qu'au bout d'une certaine quantité d'épreuves, il ne reste plus assez de craie pour donner seulement les moindres traces. D'un autre côté, on a de petits godets en tôle, munis d'un couvercle, destinés à contenir les couleurs préparées en positives.

Nous avons dit plus haut que, pour commencer, nous prendrions les fleurs les plus simples et les plus faciles à faire ; nous allons donc choisir de petites fleurs pour nous initier dans ce travail.

Supposons notre bouquet composé de myosotis avec quelques-unes de ses feuilles. On prépare du blanc en positive, auquel on ajoute une petite quantité de bleu d'outremer, pour lui communiquer une teinte légère de bleu de ciel, puis on emplit les traces de craie ; les feuilles et les tiges se font avec du vert milori. On laisse alors sécher à l'air jusqu'à ce que la couleur colle encore légèrement en posant le doigt dessus ; puis on prend du bleu d'outremer en poudre et un petit pinceau en plume bien sec qu'on trempe dans le bleu, et l'on commence à frotter insensiblement le côté de l'ombre de la fleur, en ayant soin de ne pas gâcher toute sa surface, et de laisser avec intention le côté du jour intact ; enfin, on porte à l'étuve pour sécher.

D'un autre côté, on a encore de petits tubes en plomb contenant les couleurs décrites au chapitre II, et l'on met sur une palette en bois, en porcelaine ou en verre, une petite quantité des couleurs nécessaires pour l'achèvement du bouquet.

Les couleurs nécessaires pour le petit bouquet en question sont : le blanc de céruse, le jaune de chrome, le vert Véronèse, le bleu de Prusse et le bitume.

On prend alors un petit pinceau en plume ; on mélange une petite quantité de bleu d'outremer à du blanc de céruse, pour que cela fasse un bleu un peu plus clair que celui du fond de la fleur, puis on pose les jours sur le côté éclairé du myosotis ou toute autre fleur. Il faut toujours un jour et une ombre, plus la couleur intermédiaire qui fait le fond. Au centre des myosotis se trouvent de petits points que l'on fait avec du jaune de chrome. D'un autre côté, on mélange un peu de bleu de Prusse à du bitume pour faire le côté ombré des feuilles, et l'on pose enfin un jour très vif sur la verdure, en mélangeant du jaune de chrome à du vert Véronèse. L'objet est alors porté à l'étuve, et après le séchage, on le ponce par voie humide. On peut alors appliquer quelques sujets dorés, argentés ou bronzés dans les angles par les procédés que nous avons décrits aux pages 117 et suivantes ; après quoi, l'on donne une dernière couche de copal à polir, et, après le séchage, on polit.

Tout ce que nous venons de dire peut également être mis en usage pour les fleurs plus compliquées ; seulement, il faudra toujours avoir soin de bien se rendre compte du fond de la fleur. Les jours et les ombres ne doivent pas entrer dans l'ébauche ; ce n'est que lorsque les fleurs sont ébauchées de la couleur naturelle que l'on fait ces jours et ces ombres. Les ombres se font toujours avec des couleurs sèches et les jours avec des couleurs préparées au vernis.

Ce n'est que lorsqu'on aura fait maintes fois une même fleur que l'on devra essayer d'en entreprendre de plus difficiles.

On peut aussi nacrer ces pièces en suivant les procédés décrits plus haut ; voici, à ce sujet, quelques détails supplémentaires.

Il faut, avant de nacrer, faire la composition du dessin ou du décor que l'on veut donner à l'objet, en ménageant de petites ouvertures pour placer la nacre.

Lorsqu'on voudra faire des bouquets ou tout autre décor, on suivra les procédés décrits dans le chapitre VI ; mais lorsque la nacre n'est mise que comme broderie, c'est-à-dire quand on ne fait pas de peinture dessus, on donne une couche de copal à l'objet décoré ou orné, et pendant que le vernis est encore frais, on place les paillettes dans les ouvertures ménagées et on laisse sécher à l'air libre pendant un jour ; après quoi, on peut mettre à l'étuve pour sécher complètement ; alors on ponce toute la surface et l'on orne encore les côtés de filets. On peut aussi appliquer les filets pendant qu'on est en train de faire les ornements ; on donne ensuite une dernière couche de copal ; après quoi, on polit.

Boîte à thé

La boîte à thé étant un objet dans lequel il entre des produits étrangers, les peintures se font en rapport avec les modes et les ameublements ; mais généralement on y fait de la chinoiserie. Voici la manière d'opérer.

On donne généralement pour fond aux objets destinés à recevoir pour décor de la chinoiserie, des fonds noirs et de couleur palissandre.

On se reportera au chapitre III pour faire les fonds, puis on poncera ; après quoi, on tracera la composition de chinoiserie sur l'objet et l'on remplira les contours de mixtion aussi légèrement que possible (nous avons déjà décrit la manière de régler la mixtion) : on laissera à l'air jusqu'à ce que le mordant soit presque sec, puis on dorera. On aura soin de faire les filets en même temps que les autres ornements (nous avons donné les manières de dorer et décrit les objets nécessaires pour cette opération). On mettra ensuite sécher à l'étuve, et, après le séchage, on pourra imiter les ombres avec une plume d'oie taillée très fine, trempée dans de l'encre de Chine ou de la sépia, ou même les faire au pinceau et avec du noir ou du bitume préparé au vernis.

Après cette opération, on fera sécher, puis on donnera une dernière couche de copal pour polir.

On peut aussi dessiner sur cet objet des fleurs ou des paysages, et nacrer ou faire tout autre décor décrit dans cet ouvrage.

Boîte à café

La boîte à café se peint ordinairement en jaspé, en chiqueté, en moiré, ou bien elle est décorée par les procédés de décalquage décrits au chapitre VI.

Le fond de la boîte se fait en noir, lorsqu'on donne la dernière couche de copal.

La boîte à café ne se peint pas à l'intérieur.

Cuvette ou lavabo

Cet objet, de forme ronde ou ovale, droite ou évasée, se fabrique beaucoup en porcelaine ; mais on l'imite aussi en tôle ou en fer-blanc.

La cuvette se peint généralement en blanc, en rouge, en vert, en bleu, en brun, ou en jaune à l'extérieur, mais toujours en blanc à l'intérieur.

Lorsqu'on voudra peindre en blanc des objets qui sont destinés à un usage journalier, on préparera le blanc de la manière suivante :

On broyera du blanc d'argent à l'essence de térébenthine, puis, au lieu de l'éclaircir avec du vernis blanc, dit pour intérieur, on prendra du vernis Cobourg extra-fin et on le laissera reposer pendant trois ou quatre jours, c'est-à-dire que l'on devra toujours avoir du blanc préparé d'avance ; mais on devra y ajouter une légère pointe de bleu de Prusse pour l'empêcher de prendre cette teinte jaunâtre qu'affecte le blanc préparé au vernis gras. Puis on en donnera trois couches à l'objet, à l'intérieur et à l'extérieur, en ayant soin de le faire sécher après chaque couche ; après quoi, on pourra tirer un filet doré sur le bord, et aussi orner l'extérieur de la cuvette de décors dorés pour imiter la porcelaine.

La cuvette se décore aussi sur des fonds jaunes, rouges, bleus, verts et bruns ; mais l'intérieur se fait toujours en blanc.

Cruche de forme ordinaire

La cruche à eau est un vase dépendant de la cuvette ; elle se peint par conséquent dans les mêmes conditions et subit les mêmes opérations.

Cruche marseillaise

Cette cruche, d'une forme évasée, se faisait communément en grès ; mais, à raison de sa fragilité, elle a été remplacée par celle en tôle étamée ou vernie.

Cet objet se peint ordinairement en chêne ou en sapin avec des filets que l'on fait à la terre de Sienne brûlée, ou d'un ton bleuâtre, ou lilas avec des filets, ou bleu d'outremer pur. Cette cruche servant à contenir des boissons, elle ne se peint pas à l'intérieur, à cause du goût que prendrait, au bout d'un certain temps, l'eau, la bière ou le vin.

La cruche marseillaise se décore aussi sur les fonds : en palissandre, en noyer, en rouge, en jaune, en brun, en vert, en bleu et en noir, et même sur les fonds blancs si l'on veut imiter la porcelaine ; mais on ne l'orne pas de marqueterie, ni de nacre, parce que c'est un objet d'un usage journalier et qui a beaucoup de fatigue.

Crachoir rectangulaire

Le crachoir se faisait autrefois en bois, mais il manquait alors d'élégance ; d'abord, il était très massif, puis il coûtait trop cher si l'on voulait lui donner de la légèreté et de l'élégance.

Le crachoir en métal est légèrement évasé ; on le décore en chêne, en sapin, en érable, en noyer, en palissandre, en moiré, en chiqueté, en jaspé, en granit. On le peint à l'intérieur et à l'extérieur de la même couleur ; le fond et les quatre petits pieds en fonte de fer se font en noir.

Tout le décor ne doit être fait qu'à l'extérieur ; car l'intérieur étant rempli de sciure, le travail serait alors invisible et inutile.

Crachoir évasé

Ce crachoir se peint absolument de la même manière que le précédent ; seulement il se décore à l'intérieur et non à l'extérieur, parce que le décor est visible sur les rebords ; quant aux opérations, elles sont les mêmes que pour le précédent.

Cuit-œufs

Le cuit-œufs est un vase d'une forme ovale ou ronde, muni de deux anses, de deux couvercles s'ouvrant par le milieu et d'une grille en fer-blanc, percée de trous et munie elle-même d'une tige pour la retirer.

Cet objet se peint à l'intérieur seulement, soit en jaspé, en trempé, en chiqueté ou en faux bois ; il peut être orné par l'un des procédés décrits ci-dessus.

Fontaine-lavabo

La fontaine est ordinairement de forme ovale ou à facettes.

Elle se loge à la cuisine et souvent aussi dans le vestibule ; elle est par conséquent susceptible d'être décorée ou simplement peinte pour la garantir contre l'oxydation ; car c'est un objet qui reçoit continuellement du savon mêlé à l'eau, principalement la cuvette. Or, on sait que le savon a la propriété d'enlever la peinture même la plus solide, puisqu'il entre de la potasse dans sa préparation.

Nous allons donc donner des détails sur la peinture de la fontaine qui exige des soins par le motif que nous venons d'indiquer. On suivra alors exactement les procédés suivants :

La fontaine doit être soigneusement dérochée et poncée par voie sèche. Aussitôt après cette opération, elle est recouverte à l'intérieur et à l'extérieur d'une couche de la préparation suivante :

On broye du blanc de céruse ou du blanc de zinc à l'huile de lin pure, très épais et, pour l'éclaircir, on prend du bon vernis gras au copal à teinte nº 1, et l'on donne une couche à la fontaine. On laisse sécher à l'étuve au moins pendant vingt-quatre heures, et, après cette couche, on ponce pour enlever les grains qui se trouvent à la surface, qui, sans cette opération, reparaîtraient après le ponçage des autres couches.

La fontaine qui, ainsi que nous le disions plus haut, se place à la cuisine ou dans l'entrée, peut alors être peinte en jaune, ou en toute autre couleur, comme la cuisine elle-même ou comme l'entrée. Elle est ainsi à l'abri de l'oxydation pour un certain temps. Nous ne parlerons donc plus que du finissage et des décors qui lui conviennent.

Fontaine peinte en sapin

On suivra exactement les procédés donnés plus haut en parlant des faux bois ; si l'on veut imiter des panneaux au moyen des filets, on les fera avec de la terre de Sienne brûlée, et avant de donner la couche de copal pour fixer, si l'on veut économiser une couche de copal. On donnera ensuite trois couches de blanc préparé au vernis Cobourg, au lieu d'être préparé au vernis blanc, dit pour intérieur.

La fontaine se peint aussi en chêne, en noyer, en érable ou en palissandre.

Si la fontaine est posée dans une des pièces principales, on peut la décorer sur différents fonds, sur teinte ou demi-teinte, c'est-à-dire sur des fonds bleu de ciel, violet lilas, vert clair ou rose ; on opérera en ce cas de la manière suivante.

Fond lilas

Pour obtenir ce fond, on prend du blanc de céruse en état de conservation, et l'on y ajoute du bleu d'outremer, qui, lui-même a été broyé préalablement, jusqu'à lui communiquer une teinte bleu de ciel ; puis on y ajoute un peu de carmin et l'on obtient alors un lilas plus ou moins foncé.

On donne deux couches et l'on ponce ; après quoi, on peut décorer par les procédés de décalquage déjà décrits ; on décore ensuite avec des filets, s'il en est besoin, puis on fixe avec du vernis au copal à polir.

Tous les autres procédés dont nous avons déjà parlé sont également applicables sur la fontaine.

Plateau

Le fond de cet objet se fait ordinairement en noir ou en palissandre ; on le décore simplement avec des ornements dorés ou bronzés, ou on l'orne avec des paysages ou des fleurs nacrés ou imitant la nacre.

Le plateau étant un objet d'un usage journalier et en même temps un article de luxe, nous allons décrire les principaux décors qui lui conviennent.

Les plateaux affectent des formes carrées, rondes, ovales et festonnées de divers genres ; mais le décor se fait le même pour les uns comme pour les autres. Nous prenons donc un de ces plateaux pour décrire les manipulations auxquelles le peintre doit le soumettre.

Depuis quelque temps, on peint les plateaux en noir avec une bande dorée sur le bord, rien au centre, ou un petit feuillage vert orné de muguets blancs. Pour cette peinture, on procède de la manière suivante :

Le noir se fait par le procédé indiqué plus haut pour produire le noir. Il est bien entendu que l'on poncera soigneusement la couche de copal que l'on aura appliquée comme fixatrice, et, après ce ponçage, qu'on donnera une couche de copal extra-superfin. Après le séchage, on polit par les procédés décrits au chapitre III, et, lorsque la couche est polie, on trace assez légèrement avec un compas la largeur de la bande que l'on veut obtenir, qui est ordinairement de 3 à 4 centimètres ; cela dépend de la grandeur du plateau. Lorsque cette bande est tracée, on prend un pinceau à filets gros et court et on le trempe dans la préparation de gélatine ou de colle de poisson dont il a été question à la page 119, en parlant de la dorure brillante. On évitera le plus possible d'ajouter à cette composition de l'esprit-de-vin, qui ternirait en quelque sorte l'or ; il vaut mieux ne préparer que ce qu'il en faut pour un jour. Alors on suivra exactement les traces faites au compas et l'on fera bien de n'en enduire que deux fois la largeur de la feuille d'or avant de l'appliquer. On aura soin de couper l'or par le milieu avec un couteau et sur un coussin, destinés à cet usage, qui s'achètent chez tous les fabricants de couleurs. Ce n'est qu'après cette opération que l'on enduira de colle, puis qu'avec un pinceau à dorer, qui est plat, large, possédant d'assez grands poils et se vendant aussi avec le coussin, on enlèvera moitié par moitié les feuilles d'or. On se servira d'or véritable pour ce procédé ; on l'appliquera immédiatement après le collage sur l'objet ; puis, avec un peu d'ouate, on tapera légèrement les places où l'or ne se serait pas appliqué uniformément. Chaque fois qu'on aura posé deux moitiés de feuille, on recommencera à en coller. Lorsque le tout sera doré, on laissera sécher à l'air pendant deux à trois heures ; après ce séchage, on prendra un pinceau à filets gros et court, que l'on trempera dans du vernis Cobourg extra-fin, et l'on suivra de nouveau les traces faites au compas que l'on aperçoit encore à travers l'or ; puis on mettra sécher. Le séchage opéré, on lavera l'objet à l'eau fraîche avec une éponge et on l'essuiera avec une peau de chamois, pour enlever les frisures d'or qui se forment par l'impossibilité où l'on est de déposer une feuille d'or exactement droite, car, malgré toute l'adresse imaginable, on est obligé de dépasser toujours un peu les traces.

Après ces diverses opérations, on prendra du vert anglais ou milori préparé en positive, auquel on mêlera un peu de jaune de chrome ou de spooner, puis, avec un petit pinceau en plume, on fera la verdure. Les petites fleurs, supposons des muguets, se feront au blanc ; le petit décor qui se trouve à l'intérieur du plateau se fera aussi au moyen d'un petit pinceau en plume, que l'on trempera dans la mixtion à dorer, à laquelle on aura ajouté un peu de vernis à la colle d'or. Il est préférable encore de faire le petit décor avant la guirlande de feuillage et de fleurs. Après cinq ou six heures de séchage à l'air, on dorera par les procédés de dorure déjà connus et on laissera sécher ; après quoi, on fera la guirlande comme nous l'avons dit plus haut. Lorsque le tout sera sec, on prendra un pinceau de putois assez petit, qu'on trempera dans du vernis Cobourg, et l'on ne vernira que la partie décorée, c'est-à-dire toute la surface de décor, mais en ayant soin de ne pas la dépasser, puis on mettra de nouveau sécher à l'étuve et l'objet sera terminé, sauf la couche de noir qu'on donnera au fond.

Du plateau nacré. — Nous avons décrit au chapitre VI de ce Manuel les procédés employés pour nacrer ; nous allons décrire les opérations nécessaires à ce travail pour le finissage.

La composition du bouquet étant faite et appliquée dans les conditions indiquées, on s'occupera de la peinture. Voici un aperçu de cette manipulation.

On se procurera une rose naturelle, ou simplement une rose bien colorée sur papier, pour modèle. On observera avec soin les lumières et les ombres et l'on pourra, si l'on veut, tracer d'abord légèrement les premiers traits au crayon. Alors, on fera les parties foncées de l'intérieur de la rose avec du carmin auquel on aura ajouté du vernis Cobourg, puis enfin les extrémités, qui doivent former les ombres, en ajoutant au carmin un peu de bitume de Judée ; mais il est bien entendu que les places qui forment les jours ne devront pas être recouvertes et resteront à nu. Enfin, on posera la teinte la plus claire sur les places éclairées avec du blanc, auquel on aura ajouté très peu de carmin, et une petite quantité de vernis Cobourg, et l'on ne tracera que de petits filets à peine visibles sur les parties qui forment les hauteurs des feuilles éclairées.

Les feuillages verts se feront en mélangeant un peu de bitume à de la laque verte, mais en ayant soin de n'en mettre que sur les parties qui sont absolument dans l'ombre. Alors on posera une teinte générale en mélangeant à du jaune de chrome un peu de vert Véronèse et un peu de vernis Cobourg ; on laissera alors sécher à l'étuve, puis l'on donnera une couche de vernis copal extra-superfin ; on poncera après le séchage, puis on pourra faire des décors dorés ou argentés sur les bords de l'objet.

Le finissage est absolument le même que celui décrit dans le précédent article, sauf que l'on ne polit cet objet que lorsqu'il est complètement fini.

On pourra consulter ce que nous avons dit

pour l'imitation du nacré : les opérations sont absolument les mêmes ; seulement, au lieu d'avoir un fond nacré, on aura un fond or et argent ; le finissage est le même.

Panier à pain et porte-bouteille

Le panier à pain ainsi que le porte-bouteille se peignent absolument comme le plateau ; tous les procédés décrits peuvent être appliqués sur ces objets ; ils subissent les mêmes opérations que le plateau et les manipulations sont aussi les mêmes.

Ramasse-couverts

Le ramasse-couverts est un objet qui se fait beaucoup chez les orfèvres, soit en cuivre, soit en autres métaux galvanisés.

Cet objet se peint extérieurement seulement, et non à l'intérieur, à cause du frottement des couverts. Il se jaspe ou se décore ordinairement. Il se fait aussi en divers bois ou en décor, par les procédés déjà décrits. Nous ne décrirons donc que les deux procédés ci-dessous.

Premier procédé. — On opérera de la manière suivante : Lorsque l'objet sera bien déroché et épousseté, on lui donnera deux couches de noir, de bleu, de brun ou de vert, préparés comme le jaspé. La première couche étant séchée complètement à l'étuve, on donnera la seconde et on la laissera sécher, puis on jaspera au moyen des outils et des liquides décrits plus haut. Après le jaspage, on mettra sécher à l'étuve, puis on donnera une couche de copal pour fixer.

Deuxième procédé. — *Décalquage.* — Cet objet est toujours décoré sur des fonds clairs et non bariolés ; ce sont les fonds bleu de ciel, lilas, rose ou vert clair qui lui conviennent.

Pour ne pas étendre plus qu'il n'est nécessaire notre description, nous prendrons le premier de ces fonds, qui est le bleu de ciel, sur lequel on opère de la manière suivante :

On prépare en positive du blanc de céruse auquel on a ajouté, avant de mélanger le vernis au blanc, un peu de bleu d'outremer pour lui communiquer une teinte bleu de ciel, puis on éclaircit seulement au vernis copal. On donne deux couches de ce bleu, puis on ponce par voie humide au moyen des procédés décrits d'autre part. Après quoi, on peut décorer l'objet par les procédés de décalquage décrits au chapitre VI, suivant les conditions et dans les formes de l'objet. On fait sécher à l'étuve, puis on trace des filets, si la composition du décor l'exige. Après le séchage, on donne une couche de copal pour fixer, et lorsque cette couche de copal est sèche, on ponce par voie humide et l'on donne une dernière couche de copal ; enfin, si la surface ne paraît pas assez lisse, on polit.

Sucrier

Le sucrier se fait en porcelaine ou en cuivre argenté ou doré ; il s'établit aussi en tôle ou fer-blanc, peint à l'extérieur seulement, et s'argente ou se dore à l'intérieur par les procédés électro-chimiques.

Le sucrier est peint ordinairement en blanc ou en noir décoré, mais comme nous avons déjà donné les procédés de décalquage sur le noir, nous ne décrirons ici que les opérations relatives au blanc.

On a déjà dit plus haut que les blancs servant à recouvrir des objets d'un usage journalier devaient être préparés dans des conditions différentes de ceux employés pour intérieur.

On prépare donc, d'un côté, du blanc de céruse en positive, en ayant soin d'y introduire plus d'huile que dans les autres positives, puis on en donne deux couches et l'on fait sécher. Après chaque couche, on ponce légèrement par voie humide. D'autre part, on broie du blanc d'argent et on l'éclaircit avec du vernis Cobourg, qu'on laisse reposer pendant quatre à cinq jours, ne se servant alors que de la partie du dessus ; le dépôt qui se forme au fond du vase est broyé de nouveau après le premier épuisement. On fera bien de préparer toujours de ce blanc pour huit à quinze jours d'avance, parce qu'il devient plus pur et qu'il donne une surface plus lisse. On donne trois couches de ce blanc, et, après le séchage, on ponce et on fait les fleurs ou les décors dorés ; après quoi, on fait sécher, on donne une couche de vernis Cobourg, puis on met de nouveau à l'étuve, et l'on peut polir si la surface l'exige.

Vase de nuit

Le vase de nuit se peint, quelquefois, d'après le besoin de la vente, en bleu, en vert, en brun ou en rouge à l'extérieur et en blanc à l'intérieur.

Nous ferons remarquer que le blanc qui servira pour l'intérieur de cet objet devra être préparé de la manière suivante, à cause de l'alcalinité de l'urine que le vase renferme journellement, et qui détruit bientôt toute la peinture de l'intérieur, malgré tous les soins possibles.

On devra broyer le blanc de céruse ou le blanc d'argent entièrement à l'huile de lin cuite, bien épais, et le délayer avec du vernis Cobourg ; on en donnera quatre couches.

Nous bornerons nos descriptions à ces objets d'un usage journalier et d'une fabrication courante, que nous avons choisis comme exemples pour ce dernier motif. On peut peindre ou décorer par les mêmes procédés une foule d'autres petits articles de toilette ou d'ustensiles de ménage ; il nous a paru inutile de les mentionner ici, pour ne pas grossir inutilement ce Manuel. C'est surtout parmi les objets de fantaisie qu'existe la plus grande variété, soit pour la forme, soit pour l'ornementation. La mode a fait admettre, depuis de longues années, dans les intérieurs les plus modestes, des articles chinois ou japonais, qui sont souvent fabriqués et décorés en France ; ces articles ont ouvert une nouvelle branche à notre industrie nationale et sont devenus une nouvelle source de produits pour le peintre décorateur. C'est ce genre de peinture, dont nous allons nous occuper, qui fait l'objet de la seconde partie de cet ouvrage.

DEUXIÈME PARTIE

CHAPITRE IX
Reproduction des laques du Japon

Sommaire. — I. Notions sur la laque et son emploi. — II. Fabrication des vernis pour laques. — III. Apprêts. — IV. Décoration. — V. Imitation des fonds. — VI. Imitation des décors d'architecture. — VII. Peintures laquées.

I. NOTIONS SUR LA LAQUE ET SON EMPLOI

De la laque

Nous croyons intéressant et utile pour nos lecteurs de faire précéder cet article relatif à la peinture des laques du Japon de quelques notions sur la *laque*, en tant que matière première, ainsi que d'un aperçu des procédés employés en Chine pour obtenir les objets connus sous le nom de *laques de Chine* et *laques du Japon*.

Si habiles que soient les ouvriers chinois, nos ouvriers nationaux pourront certainement rivaliser avec eux, sous le rapport de l'élégance et de l'exécution de ces objets, le jour où ils posséderont les matières premières qui ont assuré jusqu'à présent la supériorité des Chinois.

C'est poussé par cet espoir, que nous entrons dans les développements qui vont suivre.

On désigne sous le nom de *laque* une matière très recherchée pour une foule d'usages, parmi lesquels l'un des plus importants est la fabrication des vernis. On lui donne souvent le nom de *gomme-laque* ; mais cette appellation est impropre, puisque cette matière n'est pas une gomme mais bien une résine. Elle nous vient de l'Inde, où on la recueille sur différents arbres, notamment sur le figuier des pagodes, le figuier des Indes, etc. C'est dans les forêts des bords du Gange qu'on trouve presque toute la laque du commerce. On la récolte en brisant les rameaux auxquels elle adhère assez fortement ; on recueille également les parcelles qui se sont détachées dans cette opération, car cette précieuse substance est d'un prix élevé.

Cette laque n'est pas, comme on l'a cru longtemps, une exsudation naturelle de l'arbre ; elle est due à la présence, sur les rameaux porte-laque, d'un insecte du genre *cochenille*, qui est rouge et dont on ne connaît bien que les femelles et les jeunes. Lorsque les extrémités des arbres cités plus haut sont attaquées par la cochenille, elles se flétrissent, se dessèchent après avoir perdu leurs feuilles et leurs fruits. Les insectes sont fixés autour de ces rameaux flétris, dans une matière poisseuse où les femelles font leurs œufs. Mais comme elles sont très nombreuses, elles se serrent les unes contre les autres, comme on voit chez nous certains pucerons sur le rosier, le sureau, les pois, les fèves. La matière résineuse exsudée de leur corps, ou suintant du rameau lui-même, soude tous ces insectes en une masse unique qui se concrète peu à peu. Les cochenilles meurent dans ce sépulcre commun ; chacune d'elles se convertit en une petite vésicule remplie d'un liquide rouge. La récolte se fait alors en brisant, comme nous l'avons dit, les branches qui portent la précieuse résine. Celle qui provient des figuiers et du croton est la plus foncée en couleur, et, par cela même, la plus estimée.

La laque est employée dans plusieurs industries ; mais une grande consommation en est faite par l'ébénisterie, soit pour dissimuler les fissures qui se produisent dans le bois, soit surtout pour fabriquer des vernis. Elle se dissout, en effet, dans l'alcool, et sa solution, évaporée dans des conditions convenables, fournit un vernis de bonne qualité, surtout lorsqu'on la mélange dans une proportion déterminée avec d'autres résines convenablement choisies.

La couleur *rouge* et quelquefois *blonde* de la laque la rendrait d'un emploi difficile dans certains cas, quand elle doit servir à vernir des bois peu colorés ou à y boucher des trous ; il est utile d'avoir alors de la laque aussi incolore que possible ; on a donc cherché à la décolorer complètement par différents moyens.

On peut dire, à cet égard, que chaque fabricant a ses procédés particuliers, qu'il tient secrets, quoiqu'on arrive à un résultat satisfaisant par les hypochlorites. Si, en effet, on fait bouillir la laque dans de l'eau de Javelle, elle se dissout en partie ; si on l'agite et si on continue l'ébullition pendant un temps suffisant, la résine finit par se décolorer. On active l'opération en ajoutant peu à peu une nouvelle quantité de solution. Il ne reste plus qu'à neutraliser la liqueur par de l'acide sulfurique, pour voir se séparer la laque sous forme de pâte grisâtre. On malaxe cette pâte de différentes manières, jusqu'à ce qu'on soit arrivé à lui donner une blancheur parfaite. C'est surtout pour cette dernière manipulation que les industriels mettent en usage certaines pratiques particulières qu'ils tiennent secrètes.

Emploi de la laque en Chine et au Japon

Les objets connus dans le commerce sous le nom de *laques de Chine, laques du Japon* sont à juste titre très estimés, tant à cause de l'élégance et de l'étrangeté des décorations dont ils sont ornés, que de la solidité et de la coloration brillante de la matière qui les recouvre. Pendant longtemps, la nature de cette matière est restée inconnue ; tous les efforts des industriels n'aboutirent qu'à des imitations plus ou moins parfaites, et la réputation des *laques asiatiques* resta toujours supérieure à celle des *laques de notre pays.*

Cependant, depuis notre établissement en Extrême-Orient, de nombreux renseignements nous sont parvenus à ce sujet ; mais ils ne nous indiquent que le procédé de travail des Chinois et des Japonais, sans nous donner aucune notion précise sur la composition des ingrédients qu'ils emploient et que nous ne connaissons que par les noms qu'ils leur donnent.

Les indications suivantes fournies par les personnes qui ont vu peindre les Japonais, permettront de juger combien est encore incomplète la connaissance de leurs procédés.

La matière qui, après la gomme-laque, joue le plus grand rôle pour les ouvrages en laque, est une huile de bois employée par les Chinois ; cette huile nommée *cay-dau* par les Cochinchinois, coûte en Cochinchine de 1 fr. 25 à 1 fr. 50 le litre.

Voici comment s'en servent les ouvriers en laque de ces pays.

Pour vernir, on passe au pinceau trois couches à vingt-quatre et même quarante-huit heures d'intervalle avec de l'huile chaude ayant diminué d'un quart de son volume, par suite de l'ébullition dans un vase de porcelaine sans peinture ou en terre vernissée. Pour laquer en rouge ou en noir, on broie le rouge ou le noir d'ivoire avec de l'huile de bois, on fait réduire le mélange d'un quart par l'ébullition, comme pour la laque transparente, et l'on passe trois ou quatre couches successives à vingt-quatre ou à quarante-huit heures d'intervalle, en attendant qu'une couche soit bien sèche avant d'appliquer l'autre.

L'usage est de passer le mélange d'huile et de couleur à travers une étoffe que l'on tord ou que l'on presse, de manière que toutes les molécules qui ne sont pas à l'état de poussière fine, restent dans l'étoffe.

De l'imitation des laques du Japon

On voit, par ce rapide exposé, que la fabrication si renommée dont nous venons de parler n'offre aucune difficulté manuelle qui puisse arrêter nos ouvriers. Nous voulons donc espérer que, grâce à l'extension de nos relations avec la

Chine et le Japon, nous aurons facilement et les matières premières à bon compte, et les renseignements complémentaires relatifs à cette industrie. Ce sera là pour notre pays une branche de commerce nouvelle et fructueuse.

Mais en attendant que ces secrets de fabrication nous soient parvenus, le commerce s'est livré à l'imitation des laques du Japon, qui a pris depuis quelques années un développement considérable ; bon nombre de maisons s'en occupent d'une manière toute spéciale, et cependant nous n'avons en France que bien peu de fabricants dont les produits approchent de l'éclat, de la perfection et du fini qui caractérisent les magnifiques laques du Japon. Cela tient, comme nous l'avons dit, à ce que nous ne connaissons qu'imparfaitement la préparation de ce vernis exceptionnel, que nous ignorons le moyen de l'employer, et enfin, à notre manière maladroite de préparer les fonds.

Chez les Japonais, les couches sont minces et légères ; chez nous, au contraire, elles sont épaisses et empâtées de vernis gras qui sont souvent d'une mauvaise fabrication. Leurs vernis sont tellement clairs, subtils et siccatifs, qu'il n'est pas possible qu'un grain de poussière altère le vernissage pendant l'opération, tandis que nos vernis gras ne séchant qu'en six et huit heures de temps et à une température de 35 à 38 degrés centigrades, l'objet a tout le temps de s'empâter de poussière, inconvénient auquel on ne peut remédier qu'à l'aide d'une étuve chauffée à une assez haute température.

Parmi le grand nombre de vernis employés, plusieurs sont obtenus par des procédés défectueux et doivent être abandonnés, car l'un sèche rapidement et se gerce, l'autre ne sèche jamais et reste toujours à l'état poisseux. Ces mauvais ingrédients sont presque toujours la cause des avaries qui se présentent dans les travaux, même ceux qui sont traités consciencieusement.

Nous appellerons donc l'attention de l'ouvrier sur cette partie essentielle de son art, dans laquelle il nous sera d'autant plus facile de le guider, que nous avons longuement expérimenté et modifié tous les vernis dont nous donnons plus loin la recette.

Voici divers procédés que nous recommandons plus particulièrement.

II. FABRICATION DES VERNIS POUR LAQUES

Vernis pour glacer

Prenez de la térébenthine brute, faites-la cuire avec du vin blanc ou de l'eau-de-vie dans un vase en fer, et, lorsqu'elle sera prise en une masse, ajoutez-y parties égales de vin blanc et d'huile de térébenthine, par petites quantités à la fois, afin de voir si le vernis est à consistance convenable. Ce vernis, passé à travers un linge fin, doit avoir, après son refroidissement, la consistance d'une huile d'olive un peu vieillé et évaporée. Ce vernis ne doit être employé que pour la peinture des fonds blancs ou autres teintes claires.

Vernis siccatif de Flandre

Faites un mélange par parties égales de térébenthine de Venise et d'huile éthérée de térébenthine ; faites chauffer sur un feu doux et régulier pendant une demi-heure, passez cette liqueur au papier à filtrer, laissez refroidir, puis mettez dans un flacon bien bouché. Ce vernis, clair et très transparent, est employé dans les mêmes conditions que le précédent.

Vernis pour miniatures

Prenez :

    Alcool à 36° . . . . 500 gram.
    Gomme-laque claire 150   —
    Sandaraque . . . . .70 à 80   —

faites bouillir pour blanchir ces matières, puis ajoutez :

    Karabé blanc. . . . . 5 gram.
    Mastic en larmes 2   —

Mettez le tout dans un matras et faites dissoudre sur un bain de sable à une chaleur lente, filtrez et mettez dans un flacon. Ce vernis est on ne peut plus solide ; il se polit à merveille et ne demande pas plus de trois à quatre heures pour sécher.

Vernis à teinter

Dans :

    Huile bien clarifiée . . . . . 400 gram.

mettez :

    Aloès 270   —
    Karabé 260   —

faites dissoudre à chaud ; il se formera un dépôt boueux ; filtrez au papier, et conservez pour l'usage dans une bouteille.

Vernis très siccatif et solide à polir

Faites fondre :

Ambre jaune . . . . 250 gram.

Lorsque l'ambre est fondu, ajoutez :

Gomme-laque blanche . . . . . 150 —

Après la fonte de ces deux substances, mettez-y une cuillerée de bonne huile de lin, en agitant constamment avec une spatule de bois, et lorsque la matière est à moitié refroidie, ajoutez de l'huile de térébenthine, ce qu'il en faut pour donner à la liqueur la consistance de la vieille huile d'olive.

Vernis à polir pour toutes teintes

Dans :

Alcool. . . . . 125 gram.

mettez :

Esprit de térébenthine . . . . 250 gram.
Ambre jaune . . . . 35 —
Mastic en larmes . . . . . . 5 —
Gomme de genièvre . . . . . 5 —

Faites infuser pendant huit jours ; après quoi, mettez sur un feu doux, et laissez évaporer aux deux tiers environ.

Vernis pour les ors, les bronzes en poudre ou les couleurs claires

Dans :

Alcool rectifié. . . . . 100 gram.

mettez en poudre impalpable :

      Ambre blanc . . . .   30 gram.
      Sandaraque   10   —
      Gomme copal.   10   —

Mettez ces matières dans une bouteille d'un tiers plus grande que la quantité à employer, bouchez-la hermétiquement avec un bouchon de liège, puis cachetez à la cire. Chauffez-la, ainsi préparée, sur des cendres chaudes pendant une heure environ. Si cependant les matières n'étaient pas complètement dissoutes, vous continueriez de tenir au chaud jusqu'à parfaite dissolution. Il faut dans cette opération se dispenser de précipiter la dissolution de ces matières, parce que la bouteille pourrait éclater et occasionner de graves accidents.

Vernis noir japonais

C'est un des vernis les plus en usage pour les laques noires ; il s'emploie très fréquemment pour le genre de peinture qui nous occupe.

Prenez :

      Bitume de Judée . . . .   100 gram.
      Esprit de térébenthine éthéré .   150   —

Faites fondre à une douce chaleur, puis ajoutez :

      Alcool. . . . .   50 gram.

Si, après la dissolution de ces matières, le vernis était trop clair, on y ajouterait du bitume et, dans le cas contraire, de l'esprit de térében-thine. Il faut avoir soin de boucher et de cacheter la bouteille.

III. APPRÊTS

Ponçage et enduit

Les procédés décrits ci-après servent pour les peintures sur laque, sur bois, sur plâtre, sur pierres, sur terres cuites et sur métaux.

Les couches de fond sont la base d'une bonne et belle peinture, à condition que les objets de quelque nature qu'ils soient aient subi ce qu'on appelle communément une mise en préparation. Toutes les matières solides peuvent être apprêtées et recouvertes par les procédés suivants :

Avant d'enduire et de préparer le bois, il doit être soigneusement passé au papier de verre ou à la pierre ponce, pour enlever toutes les aspérités. Il en est de même des terres cuites. Les pierres devront être frottées avec une pierre ponce tendre et bien dressée, lorsqu'il s'agira de surfaces droites. Dans le cas contraire, on pourra se servir de frottoirs creusés ou bombés. Les métaux peuvent être dérochés et frottés comme il est dit plus haut. Le plâtre devra subir la préparation suivante :

On fait une bouillie de savon d'Alicante et d'eau, on laisse reposer une huitaine de jours, en ayant soin de la couvrir pour la protéger de la poussière, ensuite on en imbibe le plâtre avec un pinceau de blaireau, on laisse sécher ; après quoi, on frotte l'objet, soit une statuette ou tout autre sujet, avec une brosse à habits, pour rendre la surface brillante, puis on peint comme il sera dit plus loin.

La pierre se prépare en enduisant la surface d'un mélange de 1/3 huile cuite, 1/3 colle forte, et l'autre tiers d'essence de térébenthine. On forme de ces substances un mastic assez épais, c'est-à-dire de la consistance d'une pâte à beignets. Pour enduire la pierre, on se sert d'un outil appelé spatule. Ordinairement ces outils se font en acier fondu ; mais on peut les fabriquer soi-même. On prend pour cela du bois de poirier ou de pommier, que l'on rabote aussi mince que possible. La spatule doit avoir à peu près 15 à 20 centimètres de longueur et être plus large à un bout qu'à l'autre. Avec cette spatule, on étend l'enduit sur toute la surface ; après quoi, on enlève l'excédent ou les bavures, comme on procède avec le mastic. Après la dessiccation, qui demande quelques jours, on ponce avec un morceau de pierre ponce et de l'eau ordinaire, jusqu'à ce qu'on ait obtenu un poli parfait.

Préparation de la couche d'apprêt

L'application des couches d'apprêt mérite toute l'attention du vernisseur, car elle prépare, avec le mastic, la réussite parfaite de l'ouvrage, en faisant disparaître les gerçures, les boursouflures et les pores du bois ; aussi est-il nécessaire de boucher toutes ces ouvertures avec une couleur qui, par la préparation, arrive aussi promptement que possible à siccité parfaite, et qui supporte un ponçage vigoureux.

Les couleurs dont on se sert pour les couches d'apprêt sont les ocres jaunes ou calcinées, qui sont neutres, contrairement à la plupart des autres couleurs qui ne sont que des précipités de sels à diverses bases.

Pour préparer l'apprêt, on fait un mélange d'égales parties d'huile de lin cuite et d'essence de térébenthine ordinaire du commerce, auquel on ajoute de l'ocre rouge que l'on doit préférer, parce qu'elle a été calcinée, pour en former une bouillie semblable à de la pâte à beignets un peu liquide. On donne au fond, avec ce produit, une couche bien uniforme. Mais il faut avoir soin que cette préparation ne soit pas trop épaisse ; elle aurait alors l'inconvénient de former des stries, des coups de pinceau, qu'on doit éviter, parce que si l'on vient à recouvrir la surface ainsi préparée avec le vernis noir du Japon, le ponçage qu'il doit subir après sa dessiccation ferait reparaître les stries mal lissées en couleur d'un rouge brun sale, et l'opération serait manquée.

Après cette première couche on procède au rebouchage ou masticage, opération importante, si l'on veut avoir une surface parfaitement lisse et sans défauts.

Nous ne parlerons dans cet article que des meubles et des objets neufs, et nous laisserons de côté la remise à neuf des vieux meubles, qui n'entre pas dans le cadre de cet ouvrage. Nos lecteurs trouveront à ce sujet d'utiles renseignements dans le *Manuel de la Dorure sur bois*, par M. Saulo (Encyclopédie-Roret), qui traite également des Peintures laquées.

Rebouchage

Le mastic à reboucher les défauts du bois est fait de la manière suivante. On prend : essence de térébenthine une partie, copal gras deux parties, et l'on y incorpore de l'ocre rouge pour en former une pâte comme celle du pain. Ce mastic sèche assez vite pour que l'on puisse le poncer et le lisser convenablement au bout de vingt-quatre heures. Il faudra avoir soin de ne mettre de mastic que dans les fentes, les trous et les cavités, parce que tout le mastic laissé en dehors des défauts du bois formerait des hauteurs, et, par suite, des ondulations. On donne toujours la première couche d'apprêt avant le masticage, pour que le mastic ait plus d'adhérence, le bois se trouvant déjà imbibé.

Opération du ponçage

On prend du papier de verre que l'on plie en deux ou trois épaisseurs ; on applique dessus un bout de planchette un peu plus petite que le papier de verre, afin que les bords la dépassent de quelques centimètres, que l'on tiendra solidement appliqués contre les épaisseurs de la planchette, ce qui fixe solidement le papier. On peut se mettre alors au ponçage, qui consiste à appliquer le côté verré du papier sur la surface du bois, et à imprimer un mouvement de va-et-vient à ce ponceur.

Lorsqu'on s'aperçoit que la surface devient légèrement brillante par le frottement, et qu'on ne voit plus d'aspérités, c'est un indice que le ponçage est suffisant. Cette préparation de fond est applicable à toutes les matières énumérées ci-dessus.

Couleurs adoptées par les Japonais
comme fond de décoration

Les Japonais ne se servent, comme fond de décoration, que des couleurs *noires*, *vertes* et *rouges*.

Le fond *noir* se fait de la manière suivante.

Dans :

    Huile de térébenthine . . . . . 125 gram.

on met :

    Cire noire d'Espagne.   65   —

On fait fondre à une douce chaleur, on passe au linge fin, et on laisse refroidir. On peut, et il le faut presque toujours, pendant que la couleur est encore chaude, y incorporer un peu de noir de fumée. L'on donne une couche de ce vernis, et après sa dessiccation, on procède à un léger ponçage avec de la pierre ponce en poudre impalpable et de l'eau, que l'on répand sur l'un des côtés du feutre avec lequel on frotte légèrement l'objet, pour enlever les grains si petits qu'ils soient. Lorsque ce ponçage est effectué, on lave soigneusement avec une éponge et de l'eau fraîche, on essuie avec l'éponge dont on a exprimé l'eau, et l'on finit de sécher entièrement avec une peau de chamois.

On donne ainsi une seconde, puis une troisième couche, puis enfin deux couches de vernis noir du Japon.

Lorsque toutes ces couches sont bien sèches et bien poncées, on procède au vernissage, qui n'est pas le moins indispensable. Cette opération se fait avec le vernis à polir n° 7. Après une dessiccation complète, il reste à faire le polissage, qui donne à la teinte l'aspect brillant du miroir.

Pour le polissage, on se sert d'un tampon en linge fin imbibé légèrement d'huile d'olive et d'un peu de poudre de tripoli. On frotte avec ce tampon ainsi préparé jusqu'à ce que toute trace de grains de poussière ait disparu, puis on essuie avec un linge propre saupoudré de tripoli sec, et ensuite avec une peau de chamois légèrement humide.

Le *rouge* se prépare de la même manière que le noir ; seulement, au lieu de se servir de la cire d'Espagne noire, on prend la cire d'Espagne rouge, et l'on y incorpore du vermillon mélangé d'un peu d'ocre rouge pour lui donner un ton fauve.

Il en est de même du *vert* ; mais, au lieu de cire rouge ou noire, ce sera de la cire d'Espagne verte, dans laquelle on mêlera du vert émeraude.

Ce que nous venons de dire pour la préparation des couches de fond ne peut s'appliquer avantageusement sur les *métaux*, qui sont sujets aux altérations spontanées des variations atmosphériques. Cet inconvénient nous a amené à rechercher la manière de produire une surface métallique pouvant résister passablement à l'action destructive du temps, pour ne pas être dans l'obligation de recommencer la peinture au bout de trois ou quatre années.

Pour produire sur le fer ou sur la fonte un fond qui puisse résister assez longtemps à l'action du temps, il faut faire bouillir de l'huile de lin avec du bioxyde de manganèse, pendant

cinq à six heures, puis en couvrir le *métal* ;
après dessiccation, on en donne une seconde
couche ; on peut alors appliquer sur le fond l'une
des peintures ci-dessus.

Si l'on a soin d'ajouter à cette huile de lin un
dixième de caoutchouc dissous, la surface n'en
devient que plus imperméable, et elle peut
résister à des chocs sans être endommagée.

Le *zinc* se prépare dans les mêmes conditions.
Cette huile sèche assez bien pour qu'après deux
ou trois jours on puisse donner les couches ou
teintes que l'on désire pour le fond.

IV. DÉCORATION

Du dessin

Maintenant que nous avons donné le mode
d'emploi de l'huile et la préparation des couches
de fond, nous allons traiter avec de grands
détails la décoration par les procédés japonais.

La décoration chez les Japonais est généralement dorée ou argentée et rehaussée de quelques couleurs ; mais ils en sont très sobres. Du
reste, ils emploient très peu le mélange des
couleurs, préférant en général les tons francs ;
en outre, leurs sujets de décoration ne cherchent
pas, comme chez nous, à copier la nature, les
artistes japonais laissant libre cours à leur fantaisie, et leurs sujets, pour nous paraître quelquefois absolument grotesques, n'excluent
jamais le sentiment artistique, joint à des idées
de profonde philosophie. Leur peinture brille
surtout par le fini de son exécution, quelque
baroque qu'en soit le sujet, par le délié si délicat

des traits du dessin, et par la beauté de leur laque, qui donne au travail la transparence de la glace.

Ainsi, ils imitent souvent au pinceau, avec l'or, l'argent et les bronzes de couleurs, des ruines, des lacs, des cascades, des rivières, avec des traits si délicats, une touche si hardie, qu'il est difficile de croire que le travail a été fait à la main.

Pour bien imiter les décorations des Japonais, il faut s'identifier avec leur manière de dessiner ; il y a plus : une personne connaissant le dessin tel que nous le pratiquons, ne fera jamais qu'un dessin insuffisant qui ne sera qu'une production bâtarde entre leur procédé et le nôtre.

Dans les établissement où l'on fait spécialement ce genre de dessin, on instruit des jeunes gens n'ayant aucune connaissance de notre dessin ; de cette façon, l'on est assuré d'avoir un dessin correct dans le genre japonais.

Du calque

Voici comment s'y prennent les ouvriers pour faire leur calque : Ils enduisent une feuille de papier très mince (papier végétal) d'une couche d'huile d'olive ; ils essuient l'excédent de cette huile avec un linge, puis ils laissent sécher la feuille ainsi huilée.

La transparence du papier permet aux personnes qui n'ont que peu ou point de connaissance du dessin de se procurer une reproduction exacte d'un modèle. On prend une feuille de ce papier un peu plus grande que le dessin à calquer, on l'applique sur le décor, puis, avec un crayon bien pointu, on en suit les traits ; avec une aiguille à coudre, on perce de petits trous les contours, et l'on obtient ainsi un dessin à jour, qu'on appelle *poncif* en terme de métier. Si l'on veut reproduire ce dessin sur un objet quelconque en conservant sa grandeur et ses dispositions, on l'applique sur ledit objet, et, avec un petit sachet contenant de la craie blanche pulvérisée très fine, on frappe sur toute la surface du décor, puis on enlève la feuille de papier, et le dessin se montre en blanc par petits points. On blaireautte avec un pinceau très doux pour enlever l'excédent de blanc, qui formerait des croûtes si l'on négligeait cette opération avant de mixtionner.

Des ors

Il y a deux couleurs d'or, l'*or* brun et l'*or vert*. Ce dernier contient plus d'argent en alliage.

Il y a aussi l'or faux en feuilles, imitation de l'or véritable qui n'est autre que du laiton ou du sulfite d'étain laminé et battu.

Puis viennent les bronzes ou poudres métalliques de couleurs différentes ; tels sont : les bronzes or, jaune pâle, orange feu, chair, cramoisi, violet et bleu.

Au moyen de ces gammes de couleurs métalliques, les Japonais imitent des paysages, des sujets, des oiseaux, des fleurs, des fruits, etc.

Ils décorent le cadre de leurs sujets d'arabesques dans le genre de leur dessin, et de filets qu'ils font merveilleusement corrects.

Décoration d'or et d'argent en feuilles et en bronzes de couleurs en poudre

Pour faire le décor japonais, on se sert de pinceaux ou de plumes de corbeau. Les plumes servent pour les dessins délicats, et les pinceaux pour ceux qui sont plus largement traités.

On peut mixtionner de deux manières différentes : par mixtion grasse ou par mixtion maigre.

Pour les décorations d'un dessin très délié, on peut mixtionner par voie maigre, et par voie grasse au pinceau pour les décors traités plus largement.

Mixtion grasse

La mixtion grasse n'est autre chose que de l'huile de lin que l'on fait cuire sept à huit heures sur un feu modéré, en ayant soin d'y ajouter 8 à 10 0/0 de bioxyde de manganèse ou de litharge broyée très fin.

Mixtion maigre à la plume

La mixtion maigre se prépare de la manière suivante :

On fait dissoudre dans :

Eau . . . . 100 gram.
Gomme arabique . . . . 20 —

Après la dissolution de la gomme, on ajoute :

Miel ou mélasse . . . . 2 gram.

Cette composition est excellente.

Si l'on trouvait qu'elle fût trop siccative, on augmenterait la quantité de miel ou de mélasse, et, dans le cas contraire, de l'eau gommée à 15.0/0.

Nous ferons remarquer qu'il faut que les couches de fond soient bien poncées et bien essuyées avec un linge fin et sec ; car, sans cette précaution, il se pourrait qu'il restât des traces d'humidité qui feraient répandre la mixtion hors du dessin.

Lorsqu'on voit que le dessin commence à sécher, on prend le coussin à dorer sur lequel on étend soigneusement la feuille d'or au moyen du couteau à dorer. On coupe ainsi les feuilles en morceaux de la grandeur du dessin (on laisse l'objet dans un lieu sec pendant ces préparatifs), puis avec un pinceau appelé bilboquet, on applique l'or sur le dessin mixtionné, on laisse sécher deux heures environ, après quoi on procède au dépouillement avec un pinceau doux en martre. Les petites parcelles d'or qui tombent par le dépouillement doivent être ramassées avec soin ; les batteurs d'or les utilisent.

Après que l'objet a été bien dépouillé et épousseté, on met sécher à l'étuve à la température de 25 à 30 degrés ; après quoi l'on vernit avec l'un des vernis décrits ci-dessus, on donne une seconde couche et l'on procède au polissage.

Mixtion à la mélasse

On prend environ :

Blancs d'œufs. . . . . : 100 gram.

On les bat en neige pendant une demi-heure, on laisse reposer jusqu'au lendemain, puis on décante la partie claire dans une bouteille ; on y ajoute 10 grammes d'alcool à 36 degrés qui empêchera la putréfaction de l'albumine. Lorsqu'on voudra se servir de cette mixtion, on y ajoutera 7 à 8 décigrammes de mélasse. La mélasse a pour but d'empêcher la mixtion de sécher trop vite et en même temps de la rendre moins cassante.

Mixtion pour dorer ou argenter

On prend de la colle de peau ou de poisson, rendue liquide par un dixième d'acide acétique, puis l'on y ajoute un peu de miel. Il ne faudra employer cette mixtion que lorsque l'on traitera des ornements en or ou en argent véritables, parce que l'acide qu'elle contient peut avoir une influence destructive tout à fait directe sur les ors ou les argents faux battus, qui ne sont que du laiton ou de l'étain laminé.

Ces différentes mixtions sont excellentes pour être employées à la plume pour les traits délicats ; mais lorsqu'il s'agit de décors largement traités, il faudra avoir recours au pinceau, qu'on emploiera de la manière suivante : Lorsque l'objet ou l'ornement aura été mixtionné au pinceau, on laissera sécher à l'abri de l'humidité ; après quoi on repassera le dessin avec un autre pinceau imbibé d'alcool à 36° ; sur cette couche, on pourra appliquer l'or ou l'argent en feuilles. L'alcool ravive légèrement la mixtion et empêche l'or de s'y noyer. Les filets se font au tire-ligne ainsi qu'à la main, mais avec moins de correction.

On peut également faire des ornements et des filets avec la mixtion grasse ; mais alors il faut se servir de plumes d'oie ou de corbeau et d'un tire-ligne en ivoire ou en corne au lieu du tire-ligne en acier.

Procédés pour dorer et exécuter simultanément les ornements

1er Procédé

On prend 30 grammes de mercure ; on y ajoute 60 grammes de sel ammoniac, et l'on met le tout dans un creuset qu'on lute soigneusement, parce que, sans cette précaution, le mercure s'évaporerait et l'opération manquerait. On met sur un feu doux pendant une demi-heure, après quoi, l'on augmente graduellement le feu jusqu'à ce que le creuset soit rouge ; alors on jette la masse dans de l'eau fraîche. Cette matière est dure ; on la broie en poudre très fine sur une platine de porphyre ; alors, pour la rendre applicable, on y ajoute de l'eau gommée qui lui donne plus de ductilité. Les traits faits avec cette composition paraissent dorés.

L'eau gommée se prépare en mettant 20 grammes de gomme arabique dans 100 grammes d'eau, dans laquelle on aura fait dissoudre préalablement de 12 à 15 grammes de sucre candi.

2e Procédé

On prend 60 grammes de mercure et 30 grammes de sel ammoniac, qu'on pulvérise et qu'on mélange à un jaune d'œuf dans un petit godet en porcelaine ; on lute ce vase soigneusement et on le met dans du fumier pendant trente jours ; après ce temps, on retire le vase et l'on y ajoute de l'eau gommée. Avec cette mixtion, on peut dorer des encadrements ou d'autres objets d'une certaine dimension.

3ᵉ Procédé

On prend du bronze or d'Allemagne que l'on met dans un verre ; on verse de l'urine sur ce bronze et l'on agite avec un petit bâton, puis on laisse reposer pendant une demi-heure ; on décante alors la partie claire, c'est-à-dire l'urine, pour la remplacer par de l'eau de pluie ou de l'eau distillée. On répète ce lavage trois à quatre fois, en ayant soin d'agiter le bronze chaque fois, et de ne décanter que lorsqu'il a complètement déposé, afin de n'en pas perdre. On égoutte soigneusement, puis on y mélange de l'eau gommée. On peut également se servir d'or véritable.

4ᵉ Procédé

On prend des feuilles de genévrier dont on extrait le jus, puis on met dans ce jus de la limaille d'or ou d'argent, suivant que l'on désire avoir un ornement doré ou argenté ; on laisse reposer le mélange pendant cinq jours ; alors on peut écrire ou dessiner avec cette composition.

5ᵉ Procédé

On prend 30 grammes d'or en feuilles et autant de sel ammoniac, on triture dans un mortier, pendant quelques heures, puis on délaie à l'eau gommée.

6ᵉ *Procédé*

Pour faire des ornements argentés, on prend de l'étain provenant de l'étamage des glaces ; on le pile dans un mortier, puis on le broie bien sur le porphyre avec de l'eau, enfin on le verse dans une écuelle ou dans un verre à boire. On lave cet étain jusqu'à ce que l'eau reste parfaitement limpide, puis on l'égoutte convenablement. Quand on veut s'en servir, on le mélange avec de l'eau gommée ou albuminée.

7ᵉ *Procédé*

Ce procédé est un des meilleurs que nous puissions indiquer. Il imite parfaitement l'or véritable, il n'y a de différence que pour la durée. Il a pour base la purpurine, qui se prépare de la manière suivante :

On prend de l'étain raffiné, et l'on y mêle une égale partie de mercure, de soufre et de sel ammoniac. On broie ces matières sur le porphyre aussi fin qu'il est possible, puis on rend cette composition applicable, avec de l'eau contenant 2 0/0 de sucre candi. Elle se prête à l'écriture et à tous les genres d'ornementation.

V. IMITATION DES FONDS

Fond à l'aventurine

L'*aventurine* est un minéral formé de quartz hyalin dans lequel sont disséminées des paillettes de mica jaune à reflet doré, qui forment à sa surface une multitude de points scintillants. Cet effet est produit dans la peinture japonaise par des paillettes de laiton laminé et battu dans le genre de l'or en feuilles.

Pour faire un fond aventuriné, l'on s'y prend de la manière suivante : le fond étant préparé comme nous l'avons dit plus haut pour les fonds verts ou noirs, on donne une couche à l'objet avec du vernis n° 4, puis, pendant que ce vernis est encore humide, on saupoudre et l'on met sécher à l'étuve. Pour saupoudrer l'aventurine plus régulièrement, on se sert d'une boite cylindrique en tôle ou en fer-blanc, de 3 à 10 centimètres de hauteur, sur 3 à 4 de diamètre. Sur cette boîte s'ajuste un couvercle muni de petits trous, autant qu'il en peut tenir, et de la grosseur de deux millimètres. On met l'aventurine dans cette boîte et l'on tamise ainsi sur l'objet fraîchement verni ; par ce moyen, il tombe une pluie régulière de paillettes qui permet d'obtenir plus d'uniformité. Lorsque cette couche est sèche, on en donne une seconde et même une troisième, puis on ponce avec la pierre ponce en poudre et un morceau de feutre ou un morceau de drap épais. Lorsqu'on juge que le ponçage est suffisant, on lave à grande eau avec une éponge, puis on essuie complètement l'eau avec une peau de chamois ; on peut alors décorer.

Fond écaille

Pour faire un fond écaille, on prend un objet ayant déjà reçu les couches d'apprêts, puis on lui donne une couche ou deux de la préparation suivante : On prend de la céruse broyée avec moitié d'essence de térébenthine et moitié d'huile de lin grasse du commerce. Il faut que la céruse soit broyée très épaisse, puis, pour l'éclaircir et la rendre applicable, on y mélange du vernis copal à teintes. On donne deux couches de ce blanc et, lorsqu'elles sont sèches, on ponce. D'un autre côté, on a du noir d'ivoire broyé bien fin avec de l'eau légèrement gommée. On en met sur une plaque de tôle, on y trempe une éponge, et avec cette éponge ainsi imbibée de noir, on tapote l'objet en tous sens, sur toute la surface, en ayant soin de laisser autant de fond blanc que l'on a mis de noir. Lorsque ce noir est sec, ce qui a lieu au bout d'une demi-heure, on donne une légère couche de l'un des vernis décrits plus haut. Quand cette couche est sèche, on ponce légèrement pour enlever les aspérités du noir.

Pendant que le noir appliqué avec l'éponge est encore mouillé, c'est-à-dire immédiatement après avoir été opéré, on blaireautte en tous sens, avec un large pinceau en blaireau, la surface fraîchement préparée ; sans cette précaution, on risquerait d'avoir des hauteurs et des épaisseurs de noir qu'il serait difficile de faire disparaître plus tard.

Après que l'objet a été verni, séché et poncé, on époussète soigneusement ; ensuite, on procède à l'opération suivante : On a de petits godets dans chacun desquels on met séparément de la laque jaune, de la laque carminée, de la laque verte et de la laque bleue, broyées au vernis copal à teintes très clair. On prend

autant de pinceaux en plume que de couleurs
de laque, qu'on trempe l'un après l'autre dans
leurs laques et avec lesquels on tachète la surface, en ayant soin de couvrir toutes les taches
blanches et noires ; après quoi, on prend un
blaireau qu'on passe sur toute la surface pour
en égaliser et ornementer les teintes, qui, sans
cette précaution, offriraient des inégalités et
moins d'harmonie dans l'ensemble de la surface.

On met sécher à l'étuve ; après quoi on ponce
légèrement, puis on donne encore deux couches.
On peut, si l'on veut, décorer sur la dernière ;
dans le cas contraire, les dernières couches données suffisent.

Imitation de marqueterie

La marqueterie est un des beaux travaux du
peintre en laque et en bâtiments. Ordinairement, la marqueterie se fait de deux ou de plusieurs bois différents, soit foncé sur clair, soit
clair sur foncé. Ainsi veut-on avoir une marqueterie bois de rose sur érable, on procède comme
suit (Voyez l'imitation du bois d'érable dans la
première partie de cet ouvrage).

On prend un objet fait et peint couleur érable, que nous supposerons prêt à livrer au
commerce. On le ponce comme si cet objet
n'était pas encore fini, puis on imite les veines
du bois de rose sur ce fond, sans plus s'inquiéter
des veines d'érable, qui paraissent toujours un
peu ; on couvre légèrement, en se servant d'un
spalter, la surface érable, avec de la laque carminée broyée en eau gommée avec un peu de
terre de Sienne calcinée. Au moyen d'un autre

spalter trempé dans de la terre d'ombre calcinée, on imite les veines du bois de rose, ce qui
n'est pas bien difficile, les veines de ce bois
étant généralement droites. Lorsque cette
teinte est sèche, on procède à la décoration. Si
l'on désire faire un dessin d'architecture, on
blanchit le revers du dessin et on l'applique sur
l'objet, en suivant les traits avec une plume de
porc-épic ; alors le dessin se décalque en blanc
sur l'objet. Quand ce décalque est exécuté, on
prend un pinceau à décor, que l'on imbibe de
vernis nº 1 (procédé décrit plus haut) et l'on
suit les traces du dessin en blanc. Au bout de
deux heures environ, ce vernis est suffisamment
sec pour que l'on puisse laver et enlever la
teinte qui n'a plus raison d'être. Pour cela, on
se sert d'eau dans laquelle on fait dissoudre
quelques cristaux de soude. On voit alors le
dessin ou le décor traversé en tous sens par des
veines comme si on l'avait marqueté avec du
bois naturel.

On peut ainsi opérer sur tous les bois foncés
sur tons clairs, mais il n'en est pas ainsi du clair
sur tons foncés, ce qui nous oblige à entrer dans
quelques détails indispensables. Que l'on ait
comme fonds foncés, du palissandre, de l'ébène,
du noyer ou de l'acajou, on est obligé d'avoir
recours à un double procédé, qui consiste à
poncer convenablement l'objet, puis à tracer
le dessin comme nous venons de le dire plus
haut, pour le remplir avec du blanc de céruse
préparé en positive auquel on aura soin d'ajouter un peu d'ocre jaune, pour lui communiquer
une légère teinte jaunâtre. Lorsque cette couche est sèche, l'on en donne une seconde, après

quoi on ponce légèrement le bois, soit érable ou sapin, etc. On vernit seulement le décor avec un petit pinceau ; et, après deux heures de dessiccation, on lave les teintes qui dépassent le dessin ; puis on met sécher dans une étuve à 30 et jusqu'à 40 degrés.

Si l'on veut, avant de donner les dernières couches de vernis à polir, on peut encore entourer le décor d'un filet fin d'un autre ton ; le travail n'en est que plus beau et paraît plus fini ; après quoi l'on donne deux couches de vernis à polir, et l'on achève de polir comme nous le disions plus haut, c'est-à-dire à l'huile d'olive et au tripoli.

Si, par exemple, le dessin représente des fleurs, on a recours aux couleurs laques, si l'on veut leur donner quelque peu les couleurs de la nature. Ainsi, la laque jaune sert pour colorer les fleurs jaunes ; les laques capucine, carminée et violette, servent pour les fleurs orangées, tel que le souci ; pour les roses, on emploie les différents tons ; la laque violette sert pour les pensées, les violettes et autres fleurs de ce genre ; les laques jaunes et vertes pour les feuillages. Ce dernier genre de décor ne peut se faire que clair sur foncé, parce que ce ne sont que les bois clairs qui peuvent donner cette transparence laquée que l'on recherche, et qui imite si parfaitement la marqueterie ou l'incrustation des divers bois teintés.

Des fonds fumés et de leur décoration

Pour faire un beau fond fumé, il faut qu'il soit d'un vert tendre. On prépare ainsi ce fond :

On prend de la céruse préparée en positive, à laquelle on joint un peu de vert émeraude bien broyé lui-même, pour communiquer une légère teinte verdâtre. On en donne deux couches, en laissant sécher complètement la première, la seconde ne devant être sèche qu'à moitié. Tout étant ainsi préparé, on allume une lampe entretenue avec de l'huile de lin qui produit beaucoup de fumée. Lorsque la lampe est allumée et qu'elle fume comme on le désire, on promène l'objet en tous sens sur la fumée, qui produit des traînées noires d'un bon effet.

On met sécher l'objet à l'étuve trois ou quatre heures, puis on vernit et l'on ponce. Si l'on veut faire un décor sur ce fond, on tracera le dessin comme pour la marqueterie, puis au lieu de suivre simplement le dessin avec du vernis pur, on y ajoutera de la laque verte qui donnera un décor plus ou moins foncé, suivant que l'on aura mélangé plus ou moins de laque, et le dessin des traînées noires n'en apparaîtra pas moins par transparence ; si ce décor est un peu largement traité, on fera bien de l'orner d'un filet fin or ou argent, ce qui contribuera sensiblement à la beauté et à la richesse de l'ouvrage.

VI. IMITATION DES DÉCORS D'ARCHITECTURE

On peut faire des décors d'architecture intérieure en relief avec du bol d'Arménie ; nous nous en sommes longtemps servi pour cet usage ; mais sa préparation nous ayant paru trop compliquée, nous avons composé un mélange qui nous paraît plus simple et plus facile à employer. Voici sa préparation :

On fait tremper 20 grammes de colle de Flandre dans 60 grammes d'eau. Le lendemain, on la fait fondre sur un feu doux, puis on y ajoute environ 20 grammes d'huile grasse. On fait cuire ce mélange pendant un quart d'heure et l'on y incorpore du blanc de Meudon ou blanc d'Espagne, réduit en poudre impalpable, pour en former une espèce de pâte de la consistance de la pâte à beignets. On fait encore cuire le tout quelque temps, on le retire du feu et on le met dans un petit vase en faïence muni d'un couvercle. Il arrive quelquefois, surtout lorsque cette composition est fraîchement préparée, qu'elle se fige. Il faut alors la faire chauffer de nouveau et y ajouter un peu d'alcool pour la délayer.

Avant d'employer ce mélange, il faut d'abord enduire la surface à décorer d'un fond de la couleur voulue, rouge, vert, noir, aventurine. Ensuite on compose, sur du papier végétal, un décor approprié à la forme de l'objet ; puis, avec une aiguille à coudre emmanchée dans un petit morceau de bois de la grosseur d'un crayon, on perce de petits trous tous les contours du dessin, on applique celui-ci dans le sens convenable, et on le frappe de tous côtés avec un sachet de toile rempli de blanc d'Espagne. Le dessin se reproduit en blanc ; on l'époussète légèrement pour enlever l'excès de blanc d'Espagne. On prend de la préparation avec un petit pinceau et l'on en couvre le décor en suivant tous ses contours ; on laisse reposer pendant une demi-heure environ, puis on recommence jusqu'à ce que l'on ait obtenu l'épaisseur voulue.

Quand on peint des broderies, dont les reliefs sont partout d'égale épaisseur, on peut se contenter d'une seule couche ; mais pour les fleurs, les fruits, les figures, qui doivent avoir plusieurs plans, il faudra surcharger les couches avec le plus grand soin, en observant de ne pas recouvrir les parties qui devront rester plus profondes. On se servira d'un pinceau très doux légèrement humecté d'eau pour lisser et faire perdre dans les creux les bords des charges qu'on aura été obligé de mettre sur les parties le plus en relief. Le dessin, obtenu comme on le désire, peut être doré ou argenté, ou peint suivant les couleurs de la nature. Après cela, on le fait sécher à l'étuve et l'on vernit avec du vernis à polir.

Avec ce procédé, on peut imiter les travaux les plus difficiles, tels que les décors d'architecture, les vieux bois sculptés, et faire ainsi des ouvrages qui ne le cèdent en rien à la véritable sculpture sur bois ou sur pierre, ainsi qu'aux moulages en plâtre.

VII. PEINTURES LAQUÉES

On fait grand usage, depuis quelques années, de peintures spéciales dénommées sous l'indication générale de *peintures laquées*, mais qui n'ont rien de commun avec la laque dont nous venons de parler. Dans le grand public, on connaît mieux ces peintures laquées par les noms tout spéciaux que leur donnent les fabricants qui les produisent. Tout le monde connaît en effet, au moins de nom, le Ripolin, la Pestorine, la Bengaline et combien d'autres peintures spéciales qui, appliquées sur bois, sur métal, sur plâtre, etc., donnent au support qu'elles recouvrent l'aspect d'un objet laqué, jouissant d'un très beau et très profond brillant.

Les peintures laquées dont nous parlons ont eu la grande faveur du public et l'on peut dire qu'il n'existe presque plus un seul intérieur un peu luxueux qui n'ait des pièces complètes peintes aux peintures laquées.

Nous n'entreprendrons pas de donner ici la formule exacte de ces peintures, chaque fabricant ayant la sienne dont il garde soigneusement le secret. Nous dirons seulement qu'elles sont faites généralement en employant une huile de lin épaissie au feu, cette huile possédant un brillant exceptionnel ; par contre, elle n'est plus siccative, on lui donne alors la siccativité qui lui manque à l'aide de siccatifs appropriés et principalement à l'aide du résinate de manganèse. C'est avec cette huile qu'on prépare la teinte de couleur et de ton cherchés et on l'étend d'une quantité suffisante d'essence pour lui donner la fluidité nécessaire à son application. Quelques fabricants, enfin, arrivent à mettre dans leurs peintures laquées certaines gommes qui augmentent le brillant et la solidité de la peinture en question.

Les peintures laquées se vendent en teintes préparées à l'avance et prêtes à être appliquées, ce qui exige du fabricant une gamme très étendue de couleurs, et de la part du peintre de s'enfermer dans les teintes de son fournisseur. Il est vrai que, par le mélange de teintes, le peintre peut encore augmenter la collection des tons et des couleurs qui lui sont fournis.

11.

Il faut ranger les peintures laquées dans les produits de peintures en bâtiment, bien qu'elles sont appliquées non sans succès ni heureux effet au mobilier, aux objets métalliques de ménage, etc.

Grâce à leur brillant, les peintures laquées se tiennent très facilement propres, les poussières glissant aisément à leur surface. Elles peuvent aussi se laver très bien à l'eau fraîche et avec une éponge.

La peinture laquée présente en général un fort tirage à la brosse, comme tous les produits à base d'huile très siccative ou de gomme ; cet inconvénient n'a pas peu contribué à en retarder l'emploi. Mais aujourd'hui tous les peintres savent très bien l'appliquer ; en outre, ils ont droit, d'après la série, à une majoration sensible de la main-d'œuvre comparativement à ce qui leur est payé pour la peinture ordinaire. Cette très juste mesure et le goût du public ont eu raison, disons le mot, de l'hostilité que les ouvriers peintres ont montrée vis-à-vis des peintures laquées au début de leur application.

APPENDICE

CHAPITRE X

Nous avons réuni sous ce titre divers procédés industriels, qui se rattachent à l'art que nous venons de traiter. Ils seront utiles à nos lecteurs pour abréger leurs opérations et les mettre à même de pouvoir établir leurs produits à meilleur marché. En présence de la concurrence étrangère, nous avons jugé utile de les faire connaître à nos compatriotes, pour abréger une exécution souvent longue et difficile.

I. DÉCOR PAR IMPRESSION

La lithographie n'était encore chez nous qu'à l'état d'enfance que les Allemands s'en servaient déjà pour la décoration des objets en tôle, en carton, en bois, etc.

Nous ne parlons pas dans cet ouvrage des presses lithographiques dont on se sert généralement dans les grands établissements. Ces appareils sont avantageux, mais trop coûteux pour un ouvrier qui travaille chez lui à façon.

On peut avec avantage, pour les petits objets,

se servir de l'expéditif Ragueneau, qui n'est qu'un diminutif des grandes presses un peu perfectionné dans certains points. Elle est notablement simplifiée, ce qui rend cet appareil très précieux pour l'écriture et les petits dessins, et son prix la met à la portée de toutes les bourses.

Nous avons cherché à simplifier ces appareils et nous avons imaginé la presse (fig. 8), dont nous donnons ci-après la description, qui a l'avantage de rendre à l'ouvrier, dont l'installation est modeste, les mêmes services que les presses ordinaires ou que les mécanismes inventés pour les simplifier.

Description de la presse à décalquer

A A' est le bâti en bois de hêtre qui supporte tout le système de pression. Cette machine est

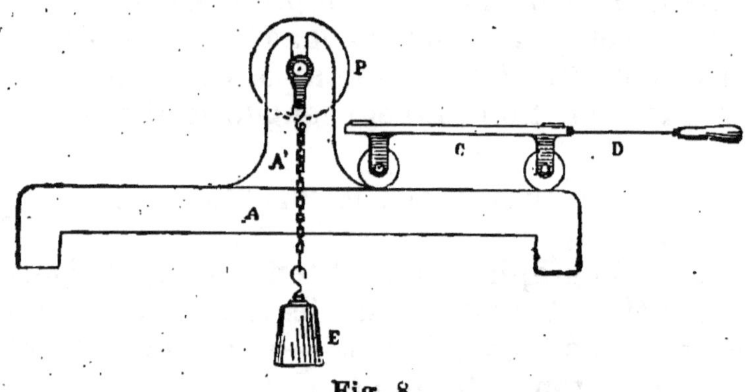

Fig. 8.

vue de côté. P est le cylindre de pression qui peut varier de longueur suivant la grandeur des objets à décalquer. C'est un petit chariot à roulettes muni d'un manche D qui sert à le pousser sous le cylindre presseur. E est un poids suspendu par une virole métallique à chacune des extrémités de l'arbre du cylindre. Il est destiné à assurer la pression du cylindre P sur le chariot C.

Nous allons traiter ce genre d'opération avec les détails qui sont indispensables à un peintre qui veut s'occuper d'une manière sérieuse de ce procédé de décoration, sans perdre son temps à consulter les ouvrages techniques. Le décalquage de décoration en or et argent en feuilles exige, au préalable, un décalquage en noir ; nous allons indiquer, pour cette opération, les trois procédés les plus répandus.

Gravure appliquée à la décoration or et argent

1er Procédé

On prend une planche de zinc de 3 à 4 millimètres d'épaisseur, qu'on dresse au marteau puis qu'on ponce avec une pierre ponce, bien dressée elle-même, jusqu'à ce que toutes les aspérités et défectuosités aient disparu ; on lave à grande eau, puis on met sécher cette planche de zinc au soleil ou à l'étuve. Lorsqu'elle est sèche, on finit de la polir avec du papier fin émerisé, jusqu'à ce qu'on ne voie plus aucune trace ; après quoi, on polit encore avec un linge fin et du tripoli ou rouge d'Angleterre.

Elle est alors prête à recevoir son dessin.

Si l'on veut avoir un dessin en creux, on s'y prend de la manière suivante : on fait fondre dans un vase en tôle de la cire jaune et de l'essence de térébenthine en parties égales ; puis, pendant que cette dissolution est encore

chaude, on y incorpore du noir de fumée à dis-
crétion pour en faire une pâte épaisse. Lorsqu'on veut s'en servir, on met, dans un vase
plus petit, la quantité que l'on veut employer,
on fait chauffer légèrement et l'on y ajoute de
l'huile de térébenthine pour en former un vernis
noir assez fluide, avec lequel on donne une couche à la planche de zinc que l'on met sécher à
l'abri de la poussière et de l'humidité. Après la
dessiccation on procède au calque du dessin,
qui se fait de la manière suivante : on dessine
le décor sur une feuille de papier, un peu mince
pour faciliter le décalquage, on blanchit le
revers de cette feuille avec du blanc d'Espagne,
en ayant soin de passer la paume de la main sur
ce blanc, pour en ôter l'excès, et, avec un plumeau, on époussète le reste, légèrement. On
applique cette feuille contenant le dessin et
blanchie au revers, sur la planche et l'on suit,
avec une plume de porc-épic, les traces du
dessin, qui se décalquera en blanc sur le fond
noir. On époussète légèrement avec un pinceau
en martre très fin, puis on procède à la gravure.
On prend un petit burin en acier bien effilé et
légèrement en biseau, on enlève avec soin le
corps gras, en suivant les traces du dessin.
Lorsque tous les traits et hachures sont bien
enlevés, on fait mordre à l'acide chlorhydrique
étendu d'eau à raison de 10 parties en poids
d'acide chlorhydrique pour 100 parties d'eau.

On fait une bordure de cire jaune autour de
la planche, pour en former une espèce de
cuvette ou petit bassin, puis on y met l'acide.
On constatera que la gravure est assez profonde en déversant l'acide de temps en temps,

et en observant soigneusement le mordant obtenu ; si la gravure, qui doit avoir environ deux millimètres de profondeur, n'était pas arrivée à ce point, on renouvellerait la morsure. Après un lavage, la planche est mise à sécher, pour être livrée à l'impression.

Encrage et décalquage

Pour encrer, on prend du noir d'imprimerie, avec lequel on mélange un peu d'huile de lin épaissie par une cuisson prolongée ; les imprimeurs appellent cette huile ainsi recuite vernis fort, moyen ou faible, suivant qu'elle est plus ou moins épaisse.

Au moyen d'un petit tampon trempé dans ce noir, on frotte sur la planche jusqu'à ce qu'on s'aperçoive que les creux du dessin sont bien pleins ; après quoi, on lave cette planche superficiellement, en ayant soin d'éviter d'enlever l'encre dans les traits du dessin. Lorsque la planche a été bien essuyée avec un linge fin et sec, on la soumet à l'impression, qui consiste à poser sur le dessin une feuille de papier mince appelée papier pelure et à faire passer la planche entre les cylindres de la presse ci-dessus décrite.

Mais, avant de faire passer cette planche sous le cylindre, il faut la préparer pour que le dessin se reproduise d'une manière exacte et correcte.

La planche étant munie de sa feuille pelure, est recouverte d'une forte feuille de papier de dessin et ensuite d'une feuille de caoutchouc, qui permet ainsi d'obtenir une pression douce et régulière. La planche sort par le côté opposé à celui par où on l'a fait entrer. On enlève alors la feuille de caoutchouc, celle de papier de dessin, et enfin la feuille imprimée, qu'il faut enlever avec précaution, le papier étant très mince, car l'encre d'impression étant très épaisse et poisseuse, pourrait, par son adhérence, déchirer le papier à décalquer. On coupe cette feuille aussi près du dessin qu'il est possible et on l'applique sur l'objet, en ayant soin de mouiller la surface de ce dernier avec une éponge légèrement imbibée d'eau, puis, au moyen d'une roulette en caoutchouc, on opère l'application parfaite du dessin. Au bout de quelques heures, on peut dorer ou argenter. Ce procédé d'impression est excellent entre des mains habiles ; mais si l'ouvrier qui opère est peu soigneux et négligent, il ne peut espérer obtenir de bons résultats. Nous ferons remarquer qu'il est préférable de se servir de l'or et de l'argent en poudre, lorsque le dessin représentera des sujets avec des hachures très serrées, parce que l'or et l'argent en feuilles ont une tendance à se tenir ensemble. Si l'on en faisait usage, les détails ne pourraient être finement détachés et ne formeraient plus qu'une tache d'or ; le travail serait perdu.

2ᵉ Procédé

On prend une planche de zinc que l'on polit comme précédemment. On décalque le dessin sur la planche, mais au lieu de blanchir le revers du dessin, on le bleuit avec du bleu de Prusse de première qualité pulvérisé très fin. D'un autre côté, l'on prend du noir à *conserve,* dont nous avons donné précédemment la préparation, puis on suit les traces du dessin. Si le noir est trop épais, on y mélange un peu d'essence de térébenthine. Lorsque le dessin est sec, on fait mordre à l'acide comme pour l'autre procédé. Alors, le dessin apparaît en relief au lieu d'être en creux.

Après que la planche aura été lavée à grande eau, on fait sécher à l'étuve ou au soleil si c'est en été ; lorsqu'elle est bien sèche, on y passe une couche d'eau gommée dans la proportion de 10 de gomme pour 100 d'eau. Lorsqu'on veut tirer une épreuve de cette planche, on lave la gomme qui reste à sa surface, on laisse sécher de nouveau, puis on peut commencer le tirage. Après le tirage, on doit laver la planche à l'essence de térébenthine pour enlever entièrement le noir, et après l'avoir soigneusement essuyée, on donne une couche de gomme ; le dessin reste ainsi très intact et il ne risque pas d'être si facilement détérioré. Pour obtenir le décalque, on procède comme précédemment ; mais, au lieu d'encrer au moyen du tampon, l'encrage se fait infiniment mieux au moyen d'un rouleau de lithographe.

3ᵉ Procédé

La planche de zinc étant bien dressée, on procède à ce qu'on appelle le grainage. Pour cela, on mouille la planche que l'on saupoudre de sable fin de rivière, puis on pose une autre planche munie d'un manche, à laquelle on donne un mouvement circulaire, et de va-et-vient, sur la première.

Il faut de temps en temps laver la planche et changer souvent le sable, parce qu'il devient plus fin par le frottement, et que la planche reste lisse, au lieu de devenir grenue. Quand la planche est sèche, on décalque le dessin comme pour les autres procédés. Nous ferons remarquer que si le sujet est destiné à être bronzé par les bronzes de couleurs qui forment les jours ou les clairs du dessin, il faudra dessiner en noir sur la planche les parties qui devront venir claires.

Pour dessiner, soit un paysage, soit une figure, soit encore un assemblage de fleurs ou de fruits, on se sert de crayons gras semblables à ceux employés en lithographie, et que l'on appelle pour cela crayons lithographiques. Après que le dessin est exécuté, on procède à l'acidulation, c'est-à-dire que l'on passe sur la planche une couche d'eau gommée, additionnée d'un peu d'acide nitrique. Après deux à trois heures, on lave la planche ; on peut alors encrer et tirer des épreuves pour décalquer.

Comme nous l'avons recommandé dans le procédé précédent, et pour le même motif, il est préférable d'employer l'or ou l'argent en poudre plutôt qu'en feuilles ; mais le métal en feuilles devra être employé de préférence dans la reproduction des dessins d'architecture et d'arabesques, dont les traits sont ordinairement nets et déliés.

Pour imprimer ce genre de gravure, il faut avoir soin de mouiller la planche, chaque fois que l'on voudra tirer une épreuve ; sans cette simple précaution, le noir d'impression adhérerait trop fortement au papier. Lorsqu'on a fini le tirage, on lave la planche, on passe dessus un rouleau imbibé de noir de conservation, puis on applique une couche d'eau gommée.

Le noir dit de conservation contient une certaine quantité de suif qui empêche sa dessiccation complète, ce qui facilite le lavage et la remise en marche de la planche chaque fois que l'on veut s'en servir à nouveau.

II. TRACÉ MÉCANIQUE DES FILETS

La difficulté de tracer des filets mécaniquement a été pendant longtemps l'objet de recherches très sérieuses, parce que, pour former un fileur, il faut un temps assez long, et que l'absence de cet ouvrier peut mettre un établissement souvent bien en retard dans ses travaux. Nous avons tenté différents procédés ; nous citerons entre autres un essai fait avec de petits entonnoirs plats, fendus par le bout pointu ; mais alors on ne pouvait faire que des filets d'un numéro donné pour chaque entonnoir ; encore les filets étaient-ils d'une couleur tellement empâtée que nous avons dû mettre de côté ce système. Nous songeâmes ensuite à nous servir du tire-ligne. Les tire-lignes, comme on les trouve dans le commerce, ne seraient guère pratiques pour les grands objets, qui exigent des filets d'une certaine longueur faits sans interruption, par la raison qu'ils ne peuvent contenir assez de couleur ; c'est pour cela que nous avons imaginé le tire-lignes (fig. 9 et 10), que nous appelons filographe, qui permet de mettre une certaine quantité de couleur entre ses larges branches.

Description du filographe

A et A', tire-lignes, l'un démonté, et l'autre prêt à fonctionner, avec son support à coulisseau.

B, vis de rappel pour faciliter l'éloignement ou le rapprochement des branches.

B', vis pour serrer et fixer le tire-lignes lorsqu'il est à la hauteur voulue.

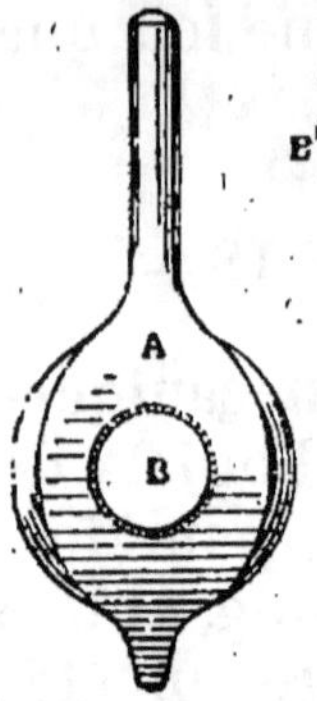

Fig. 9.

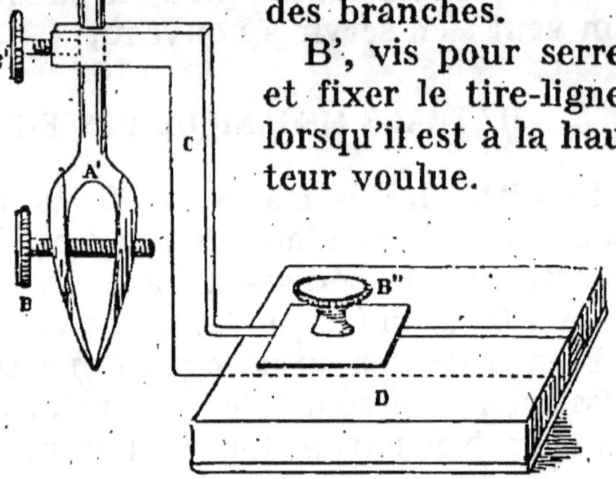

Fig. 10.

B'', vis pour fixer le support du tire-lignes, lorsqu'il est à la distance voulue.

C, support du tire-lignes.

D, coulisseau, vu un peu en perspective, pour faire voir à peu près la largeur qu'il doit avoir.

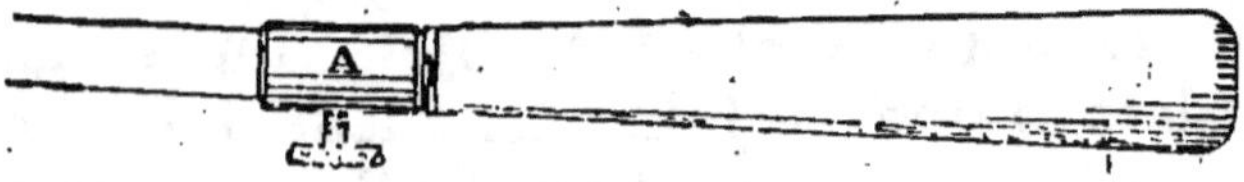

Fig. 11.

Lorsqu'il y a de grandes surfaces où le tire-lignes du filographe ne peut pas aborder, on peut se servir du tire-lignes seul emmanché comme le représente la figure 11.

La virole A doit être en laiton ou en fer et le manche en bois dur. Cet instrument permet de se servir de la règle pour les filets droits.

Les couleurs dont nous nous servons pour l'emploi de cet instrument sont broyées à l'albumine au lieu de l'être à l'huile, comme celles qu'on emploie pour le pinceau traînard.

Préparation de l'albumine destinée au broyage des couleurs propres au filographe

On prend des blancs d'œufs frais, en les séparant du jaune ; on les bat environ une demi-heure et on les laisse reposer jusqu'au lendemain. On décante la partie claire à laquelle on ajoute 1/10 d'alcool à 36° pour 100 d'albumine ; on met reposer quelques jours, après quoi l'on peut s'en servir.

L'alcool qui est ajouté à l'albumine a pour but d'empêcher la putréfaction ; sans cette précaution, l'albumine serait bientôt perdue.

La couleur dont on voudra se servir devra être broyée finement sur une platine de marbre, avec de l'alcool à 36°, jusqu'à ce qu'on n'aperçoive plus aucun grain. Alors on la mettra dans un petit godet, puis on l'éclaircira avec de l'albumine préparée comme nous venons de le dire. On devra s'assurer si la couleur est à l'épaisseur voulue, en en mettant dans le tire-lignes et l'essayant sur un objet. Si la couleur est trop épaisse, elle sort lentement des branches du tire-lignes et le filet devient croûteux ; si, au contraire, la couleur est trop liquide, le filet est terne, indécis, parce que la couleur n'a pas assez d'opacité.

Le tire-lignes s'emmanche dans un support à coulisseau pour régler sa hauteur et la distance du bord de l'objet. Cet appareil peut suffire à tous les tracés, pourvu que les mouvements des lignes ne soient pas à angles trop rapprochés.

III. REPRODUCTION MÉCANIQUE DES MARBRES ET DES BOIS

Reproduction des marbres

La marbrotypie a pour objet de reproduire fidèlement les veines naturelles du marbre. Bien que ce genre de marbrure par la reproduction ne puisse être appliqué à tous les genres, à cause de la complication des veines, on peut cependant opérer sur tous ceux qui sont employés le plus communément en France, tels que le marbre vert de mer, le Sainte-Anne, la griotte, le jaune de Sienne, les marbres gris et fortement veinés. Nous citerons surtout le marbre vert de mer, qui est très usité pour les devantures de magasins et les autres boiseries de bâtiment, qui exigent une peinture et une apparence un peu sévères.

Ces objets peuvent être rendus d'un naturel si parfait, qu'à une certaine distance on confond l'objet peint avec l'objet en marbre naturel, quand il sort des mains d'un peintre sachant bien vernir, bien glacer les couleurs, bien polir le vernis, varier les tons à l'infini et les rendre avec harmonie.

Pour ne pas perdre inutilement un temps précieux, nous allons de suite parler de la gravure de la planche à marbrer.

On prend une planche de marbre vert de mer bien dressée et bien polie, de la grandeur que l'on voudra, et suivant que le travail l'exigera. Cette planche sera posée sur une table bien de niveau ; il faudra même, de toute nécessité, se servir d'un niveau à bulle d'air pour niveler la planche et la coller sur la table par les quatre coins. Ainsi collée avec de la cire à cacheter, elle se tiendra suffisamment solide pendant l'opération suivante :

On fait fondre :

Cire jaune . . . . 80 gram.

avec :

Essence de térébenthine . . . 20 —
Suif. . . . . 12 —

Pendant que ce mélange est encore chaud, on en fait tout autour de la planche une bordure de 2 centimètres d'épaisseur, pour former une espèce de cuvette. Lorsque l'on sera bien assuré que la planche peut contenir un liquide sans en répandre par quelques fissures dans l'épaisseur de la cire, on versera dans cette cuvette improvisée la solution suivante :

Acide azotique . . . . 25 gram.
Eau. . . . . 100 —

Pour ne pas manquer cette première opération, il est nécessaire d'entrer dans quelques détails indispensables, et de se rendre compte du changement qui s'opère entre le marbre et l'acide.

Les acides, mis en contact avec des matières calcaires, les décomposent ; il se produit une effervescence et le gaz carbonique est mis en liberté. Lorsqu'on verse l'acide sur la planche de marbre, cette effervescence se produit, ce qui oblige à n'en mettre que par petites quantités. On laisse agir cette eau acidulée jusqu'à ce qu'il ne vienne plus de petites bulles d'air à la surface du liquide. Alors on rejette le liquide pour en remettre de nouveau, dans le cas où la gravure ne serait pas assez profonde. Il faut avoir bien soin de ne pas endommager la bordure de cire jusqu'à ce que la morsure soit assez profonde ; la gravure doit avoir de 2 à 3 millimètres de creux. Lorsqu'on est assuré que la planche est bien réussie, on lave à grande eau, on ôte la bordure de cire, puis on dégraisse les bords de la planche avec un linge et de l'essence de térébenthine.

Voici comment cette gravure s'est formée :

Tous les marbres sont composés de matières calcaires. Certains marbres contiennent des traînées très blanches, qui ne sont autres que des parties de chaux solidifiée. C'est à cette particularité que nous devons la facilité d'obtenir, dans une certaine limite au moins, les principales veines du marbre.

Les parties blanches ou grises du marbre contenant plus de chaux sont plus attaquables par les acides que les noires, et peuvent être rongées dans un temps où les parties noires ne sont que peu ou point attaquées.

C'est donc à l'action de décomposition plus ou moins prompte qu'ont les acides sur la chaux que nous devons la planche à reproduction.

La planche ainsi préparée est séchée et déposée dans un endroit sec.

Préparation de l'objet à marbrer

Le marbre *vert de mer* a pour veines caracté-ristiques deux sortes de veines principales, les unes légèrement vert tendre, et les autres plus foncées dans certains endroits. Ces veines, nous les avons détruites sur notre planche de marbre pour ne plus nous en servir.

On donne deux couches de positive de couleur grise légèrement teintée de vert émeraude, on laisse sécher chaque couche, puis on ponce.

Après le ponçage, on met dans deux petits godets du vert émeraude et du blanc de céruse, ces deux couleurs bien broyées à l'huile cuite et à l'essence.

D'un autre côté, l'on a préparé une feuille de verre et deux pinceaux-brossés d'environ un centimètre de grosseur. On trempe l'un de ces pinceaux dans le blanc, puis on l'appuie un peu sur le verre pour l'humecter ou l'imbiber d'une manière plus régulière. On tachette l'objet seulement par places. Ensuite on trempe le pinceau dans le vert émeraude, on le mêle avec le blanc pour faire une teinte légèrement verdâtre, et on en tachette encore l'objet, sans crainte d'entrer dans certaines places sur le blanc ; puis, avec l'autre pinceau mis en réserve, on claireautte l'objet en tous sens pour lier les deux tons en les fondant, afin que la surface soit tout à fait lisse et unie.

On laisse sécher, on ponce légèrement, et enfin on procède au décalquage des veines noires du marbre.

Décalquage des veines noires

Reprenons maintenant notre planche de marbre que nous avons laissée un instant, et suivons ponctuellement les prescriptions suivantes : On pose la planche à reproduction sur une table ; d'un autre côté, on a une pierre d'environ 60 centimètres carrés sur laquelle on étend du noir d'imprimerie ; avec un rouleau de lithographie, on étend le noir uniformément afin que le rouleau en soit chargé, ni trop ni trop peu, et l'on recouvre d'encre la planche jusqu'à ce qu'elle soit teintée de noir dans toutes ses parties.

Alors on prend une feuille de papier pelure, que l'on étend soigneusement sur la planche, en évitant autant que possible les plis et grosses boursouflures ; on pose sur cette feuille de papier la maculature, et ensuite la feuille de caoutchouc ; après quoi, on fait passer la planche ainsi préparée sous la presse dont nous avons donné plus haut le dessin et la description.

Aussitôt que la pression a été donnée, on retire le caoutchouc, la maculature, puis enfin la feuille de papier pelure contenant le dessin, qu'il faut enlever avec précaution à cause de son peu de force et de la résistance très forte de l'encre d'imprimerie qui a une tendance à retenir le papier, et par suite, à le déchirer. Le dessin obtenu, on coupe le papier suivant les formes de l'objet, qu'on humecte avec une éponge mouillée, puis on y applique le papier qu'on mouille lorsqu'il est placé sur l'objet ;

ensuite, avec la roulette, on roule en tous sens pour enlever toutes les petites bulles qui se forment entre le papier et la surface à décorer.

Lorsqu'on juge que le décalque est bien opéré, on enlève le papier, et le noir est resté sur l'objet ; on lave proprement avec une éponge douce sans trop frotter, parce qu'il y aurait de la confusion dans le dessin qui se trouverait écarté de la correction. Avec une peau de chamois humectée, on essuie les restes de gouttes d'eau. On met sécher à l'étuve ; après quoi, on donne deux couches de l'un des vernis à polir décrits plus haut.

Le marbre Sainte-Anne se fait de la même manière que le *vert de mer* ; mais, au lieu de tacheter de blanc et de vert, on se servira de blanc et de gris.

En observant soigneusement quel est le vrai fond de tous les marbres gris, on peut faire à la main les parties qui ne peuvent venir par la mise en creux.

On imite de même le marbre griotte à s'y méprendre, avec la plus grande rapidité.

Marbrure par le trempé

On donne deux couches de fond de la couleur positive suivante : On prend de l'ocre rouge à laquelle on a joint un peu d'ocre jaune et un peu de noir léger ou de fumée ; après quoi, l'on éclaircit cette couleur avec du vernis au copal. Lorsque ces couches sont sèches et bien poncées on procède à la marbrure qui se pratique comme il suit :

On prend un baquet en bois que l'on remplit

d'eau aux 4/5 ; d'un autre côté, on broie du vermillon bien fin avec de l'essence de térébenthine à laquelle on ajoute les deux tiers d'huile cuite ; on broie également du brun Van Dyck auquel on ajoute un peu de noir.

Ceci préparé, on fait un petit balai de fils de fer, d'un millimètre environ d'épaisseur, qu'on lie ensemble ; ce petit balai pourra avoir un centimètre d'épaisseur. On trempe le balai dans le brun Van Dyck et on le projette sur l'eau ; cette couleur s'écarte et fait une teinte uniforme sur l'eau ; on projette ensuite du vermillon ; il se forme alors une foule de petits ronds qui donnent le caractère du marbre griotte ; mais il faut bien se garder de remuer l'eau avant d'y avoir trempé l'objet.

Reproduction des bois

Pour reproduire les bois et leur donner un aspect naturel, on pourra suivre ponctuellement toutes les opérations indiquées pour les marbres, en se tenant strictement dans les tons du bois naturel ; mais le bois est moins apte à soutenir un long tirage que le marbre, à cause de son peu de dureté.

On pourra procéder de la manière suivante :

Lorsque la gravure sera faite, on devra laisser sécher le bois ou la planche ; après quoi, on l'encrera au moyen du rouleau et du noir de transport, on tirera une épreuve sur du papier de Chine ou à transport, et on la décalquera sur une pierre lithographique ; on pourra ensuite faire un tirage continu. Nous n'avons pas besoin de revenir sur la couleur du fond pour chaque bois, puisque nous en avons déjà parlé plus haut ; il ne s'agit donc ici que de la partie mécanique.

Les bois qui se laissent le mieux graver sont : le chêne dont les mailles blanches sont tant recherchées dans les travaux des meubles d'art, le sapin, le palissandre et le noyer.

On peut facilement éviter la gravure en se procurant une planche de chêne ayant été longtemps à la pluie, puis au soleil ; l'on y verra les veines les plus foncées assez en relief pour en tirer une épreuve sans avoir besoin de faire subir à cette planche ni préparation, ni acidulation.

IV. DÉCORATION PHOTOGRAPHIQUE DES OBJETS PEINTS

La photographie sur fond blanc ou noir donne une belle décoration pour les petits objets ; elle laisse beaucoup en arrière les reproductions de dessins à la main, pour la finesse des détails, la douceur des tons et la durée du décor ; elle permet d'obtenir des portraits inaltérables.

Quelques-uns de nos lecteurs peuvent ne pas être initiés aux opérations de la photographie, et ne pas être en possession de tous les appareils nécessaires. Nous allons expliquer d'une manière aussi concise que possible la série des opérations qui permettent d'obtenir les épreuves qui nous occupent.

La surface à décorer étant vernie et bien polie, on procède au collodionnage. Le collodion est un liquide visqueux, composé de coton-poudre ou fulmi-coton en dissolution dans l'éther et l'alcool. Pour le rendre sensible et impressionnable à l'action de la lumière, on y ajoute, dans des proportions variables, de l'alcool iodé ou de l'alcool bromuré ; quelques personnes y ajoutent à la fois les alcools iodé et bromuré.

Lorsqu'on veut décorer un objet au moyen d'un portrait photographique, il faut, autant que possible, que la surface de cet objet, qui doit recevoir le portrait, soit plane ou très légèrement bombée.

Pour ce genre d'opération, on se sert d'un cabinet noir, dans la cloison duquel on a pratiqué un trou dans la direction de l'objet à photographier ; ce trou est destiné à recevoir l'objectif seul, qu'on supporte par une planchette. Il résulte de cette disposition que, la chambre noire se trouvant remplacée par le cabinet lui-même, l'opérateur peut, sans en sortir, mettre au point, collodionner, sensibiliser, développer et fixer.

Il est nécessaire d'opérer de cette façon ; sans quoi, il faudrait se servir d'une chambre noire d'une grandeur et d'une forme particulières pour chaque objet à photographier. Il est vrai que cette organisation ne permet pas de prendre d'après nature une vue ou un paysage ; mais elle est suffisante pour les opérations qui nous occupent.

On commence par mettre le modèle au point ; puis on collodionne la surface que doit occuper le portrait avec du collodion sensibilisé, et on l'incline en tous sens pour faire disparaître les stries qui pourraient se former. Lorsque l'odeur d'éther a presque entièrement disparu, on met la surface collodionnée en contact direct avec un bain d'argent, et on la fait osciller en tous sens jusqu'à ce qu'elle ait pris une teinte laiteuse uniforme. Ce bain d'argent est composé d'eau distillée contenant en dissolution de l'azotate d'argent.

L'appareil étant mis au point, on enlève le verre dépoli et on le remplace par la surface qui doit recevoir la photographie. On laisse ainsi de cinq à vingt secondes ; pour obtenir un positif direct, cinq secondes suffisent ordinairement ; la durée dépend beaucoup de la température, du jour, de la manière dont on peut disposer de la lumière, et de la promptitude avec laquelle on opère. Lorsque le collodion a été impressionné, on bouche l'objectif, puis on procède au développement de l'image qui n'existe qu'à l'état latent dans la couche de collodion.

Beaucoup de photographes développent l'image au moyen de l'acide pyrogallique ; d'autres la développent au moyen du protosulfate de fer. Ces deux bains sont bons ; mais pour le décor qui nous occupe, le bain de fer est préférable, parce qu'il donne des positifs directs bien plus blancs.

Le développement se fait de la manière suivante : Aussitôt que l'objet a été impressionné, on le retire de la chambre noire, on verse dessus une petite quantité du bain de fer, et l'on regarde aussitôt à travers un verre jaune si l'image est suffisamment venue. Dès que les traits sont bien apparents on arrête l'action du bain de fer en lavant à grande eau ; après cela, l'on fixe au moyen de l'hyposulfite de soude ou du cyanure de potassiu n. Ce dernier est préférable parce qu'il donne plus de blancheur à l'image. Enfin pour que celle-ci prenne encore plus le ton argentin, on la passe dans un bain de bichlorure de mercure.

On peut alors porter l'image au grand jour et la faire sécher à l'étuve, en ayant soin d'effacer et d'essuyer préalablement les parties du collodion qui auraient dépassé les limites du cadre qu'on a voulu donner à la photographie.

La photographie ainsi obtenue peut être encadrée avec des ornements en or ou en argent. On peut la vernir au vernis blanc à polir ; elle sera alors très solide et à l'abri de toute altération.

Peinture en bosse jointe à la photographie

Quand on a obtenu une photographie d'après le procédé que nous venons de décrire, on peut compléter et remplir l'image au moyen de la peinture en bosse, dont nous avons donné plus haut la composition. Pour cela, on opérera de la manière suivante :

On prend, avec un pinceau, la préparation de la peinture en bosse, tenue un peu claire, et l'on en couvre les parties les plus proéminentes de la photographie, telles que le front, les paupières, le nez, les pommettes, les joues, les lèvres, le menton et les oreilles, s'il s'agit d'une tête ; on laisse sécher, et l'on recharge constamment les parties, en ayant soin de lisser les bords des recharges avec un pinceau doux imbibé d'eau. On obtient ainsi des portraits photographiques d'une grande ressemblance ; mais il faut pour cela beaucoup de soins et de patience.

Lorsque le relief est ainsi obtenu, on peut dorer ou argenter le portrait pour lui donner le cachet des médaillons obtenus par la galvanoplastie, ou le peindre avec les couleurs naturelles. On peut enfin orner à volonté le contour, avec des ornements dorés ou de couleur plats ou en bosse.

FIN

TABLE DES MATIÈRES

Peinture et Vernissage.   13

DEUXIÈME PARTIE

APPENDICE

FIN DE LA TABLE DES MATIÈRES

BAR-SUR-SEINE. — IMPRIMERIE SAILLARD